Barbara Rias-Bucher

Das Pfannkuchen Buch

Süße und herzhafte Eierkuchen,
Palatschinken, Crêpes & Co.

Hölker Verlag

10 9 8 7 6
ISBN 978-3-88117-677-4
Gestaltung: Niels Bonnemeier
Redaktion: Monika Römer

Printed in China

Inhalt

Die Rezepte in diesem Buch sind
für 4 Personen berechnet.

ARAC
JAMAICA
CHOCOLADE

Vorwort

Pfannkuchen oder Eierkuchen sind Kindheit – Marmeladeschnute, Fettfinger und zuletzt ein Kugelbäuchlein, in das überhaupt nichts mehr reinpasst. Crêpes – das ist Urlaub in Frankreich, Buden auf der Straße, wo man die köstlich gefüllten dünnen Teigfladen gleich aus der Hand essen kann. Palatschinken sind Erinnerungen an üppige Zeiten, als Süßes noch nicht als Sünde galt, die Frauen ihre Rundungen noch als Zeichen von Wohlstand zeigen durften und die Wiener Küche den Mehlspeisenton angab. Und Pancakes schließlich sind trendy: entspannter Sonntagsbrunch, Genießen auf die zeitgemäße Art.

Natürlich habe ich ein wenig herumgestöbert, als ich dieses Buch schrieb, wollte wissen, was es so alles an Pfannkuchen gibt. Eine ganze Menge, wie Sie beim Schmökern feststellen können: kleine und große, dicke und dünne – und zwar seit Jahrhunderten in fast allen Ländern der Erde. Die ältesten Rezepte sehen Buchweizenmehl vor; Buchweizenoffelt und Galettes (Rezepte S. 61 und 62–65) stammen noch aus diesen Zeiten. Die ungewöhnlichsten bestehen aus Maismehl oder Reis (Rezepte S. 70 und 71), werden mit süßer Schokolade und gesalzenen Erdnüssen gefüllt (Rezept S. 43). Bei den feinsten rührt man den Teig mit Sahne statt Milch und einem guten Schuss Sherry (Rezept S. 37). Die deftigsten belegt man mit Käse und streicht Sirup obenauf (Rezept S. 47) oder backt sie ebenfalls aus Buchweizenmehl in fettem Speck und übergießt sie mit Heidehonig (Rezept S. 60).

Aber das war's noch lange nicht: Wie im Hannoverschen Märchen vom dicken fetten Pannekauken machen sich Pfannkuchen selbständig und ziehen hinaus in die Welt – das Internet verzeichnet mehr als 1000 Einträge zum Thema Pfannkuchen-Essen, zu schlichten Pfannkuchen sogar mehr als 400.000.

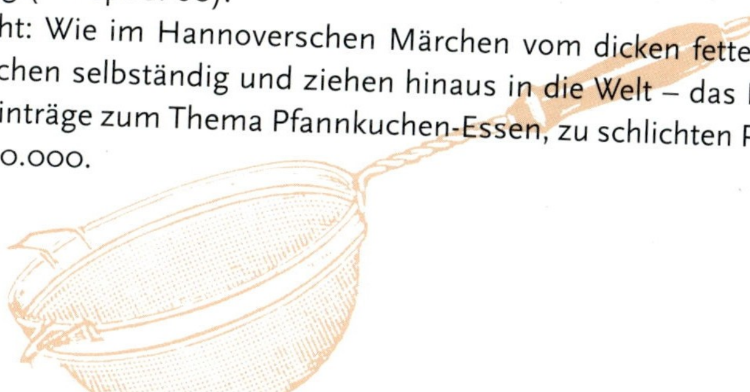

Da können Sie z. B. im Erzgebirge an einem Wettessen teilnehmen, in Holland auf einem „Pannekoekschip" nach Herzenslust futtern. Heimatmuseen – selbst in Lappland – locken mit Pfannkuchenbacken für Kinder, Restaurants mit Pfannkuchen-Schlemmereien zum Kindergeburtstag. Im Café eines norddeutschen Moormuseums bekommt man nach der Fahrt mit der Moorbahn noch das für die Region typische Essen der Moorbauern: „Baukweitenjanhinnerk", also Buchweizenpfannkuchen mit Apfelmus und Preiselbeeren zum Satt-Essen.

Das witzigste Event in Sachen Pfannkuchen findet im englischen Städtchen Olney statt, etwa auf halber Strecke zwischen London und Nottingham. Alljährlich veranstaltet man dort ein Pancake-Race gemeinsam mit der „Pfannkuchen-Schwesterstadt" Liberal im US-Bundesstaat Kansas. Am Karnevalsdienstag versammelt sich an der knapp 400 Meter langen Rennstrecke zwischen Marktplatz und Kirche eine Menge Menschen: Einheimische, Fremde und auch Fernsehreporter. Das Rennen ist nämlich inzwischen schon berühmt. Als Wettkämpferinnen sind nur Frauen mit Kopftuch und Schürze zugelassen. Morgens wird erst mal eimerweise Teig gerührt. Dann läutet dreimal die Pancake Bell: Beim ersten Schlag erinnert sie daran, die Pfannkuchen rechtzeitig zu backen, beim zweiten um fünf Minuten vor 12 Uhr mittags marschieren die Frauen mit den brutzelnden Kuchen in der Bratpfanne zum Start und beim dritten Schlag Punkt zwölf geht es los. Während des Rennens müssen die Kuchen dreimal hoch in die Luft geschleudert werden. Im Idealfall landen sie auch wieder in der Pfanne. Doch selbst wenn ihr Kuchen ein anderes Ziel trifft, darf die Läuferin weitermachen – sie muss ihn nur irgendwie zurück in die Pfanne bugsieren.

Nach all dem Vergnüglichen ein paar praktische Tipps:

1. Rühren Sie den Teig nur so lange,
bis sich alle Zutaten homogen verbunden haben.

2. Klümpchen stören nicht, sie lösen sich beim Backen auf.

3. Gewendet werden Pfannkuchen und Co., wenn sie an der Oberseite gerade eben trocken sind.

4. Und dies sind die Maße der in diesem Buch zugrunde gelegten Pfannengrößen (am Rand gemessen!): Die kleine Pfanne hat 22 Zentimeter Durchmesser, die mittelgroße Pfanne hat 24 Zentimeter Durchmesser und die große Pfanne hat 28 Zentimeter Durchmesser.

Und nun wünsche ich Ihnen fröhliches Backen,
genussvolles Essen und tolle Ideen für Ihr
nächstes Pfannkuchen-Essen.

Süße Pfannkuchen

Einfache Pfannkuchen (Eierkuchen)

200 g Mehl, 1 Prise Salz, 4 Eier,
1/2 l Mineralwasser oder Milch,
Butterschmalz oder Öl zum Backen

In einer Schüssel das Mehl mit Salz und Eiern verrühren. Mineralwasser oder Milch untermischen und den Teig zugedeckt bei Zimmertemperatur etwa 30 Minuten ruhen lassen. In einer großen beschichteten Pfanne Butterschmalz oder Öl erhitzen. Pro Pfannkuchen 1/2 Schöpfkelle Teig darin bei mittlerer Hitze auf jeder Seite etwa 2 Minuten backen.

Für feinporige, knusprige Pfannkuchen rührt man den Teig mit kohlensäurehaltigem Mineralwasser. Mit Milch oder einer Mischung aus Milch und Sahne werden sie saftig. Den fertig gemischten Teig mindestens 30 Minuten, maximal 1 Stunde zugedeckt bei Zimmertemperatur ruhen lassen; das macht die Pfannkuchen zart und geschmeidig. Eventuell muss man danach noch etwas Flüssigkeit zugeben: Der Teig soll wie dicke Sahne vom Löffel fließen.

Bayerische Eierflecken

Am besten schmecken die bayerischen Traditionspfannkuchen zu frisch gekochtem Apfelkompott. Aber auch herzhafte Varianten mit Spargel oder grünem Salat sind ganz köstlich. Versuchen Sie doch einfach süße und herzhafte Kombinationen.

100 g Mehl, 1 kräftige Prise Salz,
8 Eier, 1/4 l Milch, Butterschmalz,
Kokosfett oder Öl zum Backen

In einer Schüssel das Mehl mit Salz und Eiern verrühren. Die Milch untermischen und den Teig zugedeckt bei Zimmertemperatur 30 Minuten ruhen lassen. In einer kleinen beschichteten Pfanne Kokosfett oder Öl erhitzen. Pro Eierfleck knapp 2 Esslöffel Teig darin verteilen und bei mittlerer Hitze auf jeder Seite etwa 2 Minuten ausbacken.

Pfannkuchen mit Karamellsauce

Für den Teig:
60 g Butter, 375 g Mehl, 2 gestrichene TL Backpulver, 1 Prise Salz, 2 EL Zucker, 2 Eier, 1/4 l Milch
Für die Sauce:
125 g Zucker,
5 cl frisch gepresster Orangensaft
Außerdem:
Öl zum Backen

Für den Teig die Butter zerlassen und lauwarm abkühlen lassen. In einer Schüssel das Mehl mit Backpulver, Salz, Zucker und Eiern verrühren. Die Milch und die warme Butter untermischen. Den Teig zugedeckt bei Zimmertemperatur ruhen lassen, bis die Sauce zubereitet ist.

Für die Sauce den Zucker in eine Pfanne geben und leicht karamellisieren lassen. Die Pfanne von der Kochstelle nehmen und 50 Milliliter Wasser zugießen. Wieder auf die Kochstelle setzen und die Mischung dick einkochen lassen; dabei erst zu rühren beginnen, wenn der Zucker flüssig ist. Abkühlen lassen und dann den Orangensaft untermischen.

In einer mittelgroßen beschichteten Pfanne Öl erhitzen. Pro Pfannkuchen 2–3 Esslöffel Teig darin bei mittlerer Hitze auf jeder Seite 2 Minuten backen. Heiß mit der kalten Sauce servieren.

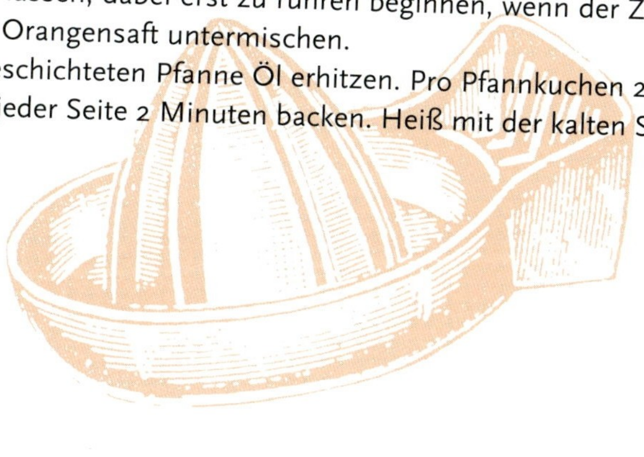

Apfelpfannkuchen

150 g Mehl, 1 Prise Salz, 3 Eier, 1/4 l Milch, 4 mittelgroße säuerliche, mürbe Äpfel (z. B. Boskop), 1 EL Zitronensaft, 2 EL Rosinen, 1 EL Zucker, Butterschmalz zum Backen, Zimtzucker zum Bestreuen

In einer Schüssel das Mehl mit Salz und Eiern verrühren. Die Milch zugießen und alles zu einem zähflüssigen Teig verrühren. Zugedeckt bei Zimmertemperatur 30 Minuten ruhen lassen. Inzwischen die Äpfel vierteln, schälen, vom Kerngehäuse befreien und in gleichmäßige Spalten schneiden. In einer mittelgroßen beschichteten Pfanne 1 Esslöffel Butterschmalz erhitzen. Ein Viertel des Teigs in die Pfanne geben. Die Apfelspalten sternförmig darauf anordnen und den Pfannkuchen bei mittlerer Hitze etwa 2 Minuten backen. Mit Hilfe von 2 Tellern wenden und in weiteren 3 Minuten fertig garen. Aus dem restlichen Teig 3 weitere Apfelpfannkuchen backen. Zum Servieren mit Zimtzucker bestreuen.

Dicke und mit Obst belegte Pfannkuchen wendet man so: Mit dem Pfannenmesser auf einen Teller schieben und einen zweiten Teller darüber decken. Das Ganze umdrehen und den Pfannkuchen vom Teller wieder in die Pfanne gleiten lassen.

Sie können die Apfelviertel auch raspeln und mit etwas Zucker, Zitronensaft und einigen Rosinen unter den Teig mischen.

Heidelbeerpfannkuchen

Sommersüße und blaue Zähne – Heidelbeerpfannkuchen hat wohl jeder von uns als Kind heiß und innig geliebt. Übrigens färben nur die wilden Beeren; auch auf Plantagen, auf denen Sie sie selbst pflücken können, werden ausschließlich Kulturheidelbeeren angebaut.

50 g Butter, 2 Eier, 250 g Mehl, 1 Prise Salz,
1/4 l Milch, 50 g saure Sahne, 500 g frische Heidelbeeren,
Butterschmalz zum Braten, 100 g Zucker

Die Butter zerlassen, leicht bräunen und wieder lauwarm abkühlen lassen. Die Eier trennen. In einer Schüssel Mehl mit Salz und Eigelben verrühren. Milch, saure Sahne und flüssige Butter unterrühren. Zugedeckt bei Zimmertemperatur 30 Minuten ruhen lassen. Danach die Eiweiße steif schlagen und unter den Teig heben. Inzwischen die Heidelbeeren verlesen, in einer Schüssel mit kaltem Wasser vorsichtig waschen, in einem Sieb abtropfen lassen und mit Küchenpapier behutsam trockentupfen. Reichlich Butterschmalz in einer großen beschichteten Pfanne erhitzen. Ein Viertel des Teigs darin verstreichen und bei mittlerer Hitze einige Sekunden backen. Ein Viertel der Heidelbeeren auf dem noch flüssigen Teig verteilen. Den Pfannkuchen zugedeckt bei geringer Hitze etwa 5 Minuten backen, danach sollten die Beeren Saft abgegeben haben. Mit Zucker bestreuen und in der offenen Pfanne noch 2–3 Minuten ohne Wenden fertig backen, danach sollte er am Rand leicht gebräunt sein. Aus dem übrigen Teig und den restlichen Beeren weitere 3 Pfannkuchen backen. Vor dem Servieren mit Zucker bestreuen.

Johannisbeerpfannkuchen

*2 EL Butter, 2 Eier, 75 g Mehl, 1 Prise Salz,
1 EL Vanillezucker, 150 ml Milch,
50 ml Sahne, 300 g rote Johannisbeeren,
Öl oder Butterschmalz zum Backen,
Zimtzucker zum Bestreuen*

Die Butter zerlassen und die Eier trennen. In einer Schüssel das Mehl mit Salz, Vanillezucker und Eigelben verrühren. Milch, Sahne und Butter untermischen. Zugedeckt bei Zimmertemperatur 30 Minuten ruhen lassen.

Die Johannisbeeren verlesen, waschen, trockentupfen, mit einer Gabel von den Stielen streifen und unter den Teig rühren. Eiweiße steif schlagen und unterziehen.

In einer kleinen beschichteten Pfanne Öl oder Schmalz erhitzen und pro Pfannkuchen 2–3 Esslöffel Teig darin verteilen. Bei mittlerer Hitze auf jeder Seite etwa 3 Minuten backen. Heiß mit Zimtzucker bestreut servieren.

Preiselbeerpfannkuchen

Für die Füllung:
100 g Preiselbeerkompott (Fertigprodukt),
2 EL Apfelmus, 2 EL Crème fraîche
Für den Teig:
2 Eier, 100 g Mehl, 1 Prise Salz, 1/4 l Milch
Außerdem:
Butterschmalz oder Öl zum Backen,
Zimtzucker zum Bestreuen

Für die Füllung das Preiselbeerkompott mit Apfelmus und Crème fraîche verrühren. Für den Teig die Eier trennen. In einer Schüssel das Mehl mit Salz und Eigelben verrühren. Milch untermischen und den Teig zugedeckt bei Zimmertemperatur 30 Minuten ruhen lassen. Danach die Eiweiße steif schlagen und vorsichtig unterziehen.
Das Fett in einer mittelgroßen Pfanne erhitzen und pro Pfannkuchen etwa 1 Schöpfkelle Teig darin zugedeckt bei mittlerer Hitze 5 Minuten backen. Währenddessen den Deckel nicht hochheben, sonst fällt der Pfannkuchen zusammen. Wenden und ohne Deckel in etwa 2 Minuten fertig backen. Mit Apfel-Preiselbeer-Füllung bestreichen, zusammenklappen und mit etwas Zimtzucker bestreut servieren. Die restlichen Pfannkuchen ebenso backen, füllen und sofort auf den Tisch bringen.

Vanillepfannkuchen mit Kirsch-Beeren-Sauce

Für die Sauce:
1 Glas Schattenmorellen (etwa 350 g), 1/8 l Apfelsaft,
1 EL Vanillepuddingpulver, 1 Paket TK-Beerenmischung (300 g),
100 g Preiselbeerkompott (Fertigprodukt)
Für den Teig:
4 Eier, 150 g Mehl, 1 Päckchen Vanillesaucenpulver, 1 Prise Salz, 2 EL Puderzucker,
1 TL abgeriebene unbehandelte Zitronenschale, 3 EL Vanillejoghurt,
3/8 l Milch, 1 TL Zitronensaft
Außerdem:
Butterschmalz oder Öl zum Backen

Für die Sauce die Schattenmorellen in einem Sieb abtropfen lassen und den Saft dabei in einer Schüssel auffangen. Apfelsaft und Puddingpulver zugeben und glatt rühren. In einem Topf die Schattenmorellen mit der Beerenmischung einmal aufkochen. Das angerührte Puddingpulver zugeben und unter Rühren erneut aufkochen, bis die Sauce dick wird. Das Preiselbeerkompott untermischen, die Sauce abkühlen lassen und 2 Stunden kühl stellen.

Inzwischen für den Teig die Eier trennen. In einer Schüssel das Mehl mit Vanillesaucenpulver, Salz, Puderzucker, Eigelben, Joghurt und Zitronenschale verrühren. Die Milch untermischen. Den Teig zugedeckt bei Zimmertemperatur 30 Minuten ruhen lassen. Die Eiweiße mit dem Zitronensaft steif schlagen und unterziehen.

In einer mittelgroßen beschichteten Pfanne Schmalz oder Öl erhitzen. Pro Pfannkuchen 2–3 Esslöffel Teig darin bei mittlerer Hitze auf jeder Seite knapp 2 Minuten backen. Heiß mit der kalten Sauce servieren.

Schwedische Pfannkuchentorte

Für den Teig:
1 EL Butter, 200 g Mehl, 1 Prise Salz, 1 EL Puderzucker, 4 Eier, 1/2 l Milch
Für Füllung und Belag:
200 g frische Brombeeren, 200 ml Sahne, 1 EL Puderzucker, 300 g Apfelmus, 100 g Hagebuttenmark
Außerdem:
Butterschmalz oder Öl zum Backen, 1 EL Puderzucker zum Besieben

Für den Teig die Butter zerlassen und wieder leicht abkühlen lassen. In einer Schüssel das Mehl mit Salz, Puderzucker und Eiern verrühren. Milch und Butter untermischen und den Teig zugedeckt bei Zimmertemperatur 30 Minuten ruhen lassen. Inzwischen für die Füllung und den Belag die Brombeeren verlesen, waschen und trockentupfen.

In einer mittelgroßen Pfanne Schmalz oder Öl erhitzen und bei mittlerer Hitze dünne Pfannkuchen backen. Im Backofen bei 50 °C warm halten. Die Sahne für Füllung und Belag mit dem Puderzucker steif schlagen. Apfelmus und Hagebuttenmark mischen. Einen Pfannkuchen auf eine Kuchenplatte legen, mit etwas Apfelmus-Hagebutten-Mischung bestreichen, mit einem zweiten Pfannkuchen belegen und diesen ebenfalls mit etwas Mischung bestreichen. So fortfahren, bis alle Zutaten aufgebraucht sind, und mit einem Pfannkuchen abschließen. Dann die Sahne in dicken Klecksen auf die Torte setzen und mit dem Puderzucker besieben.

Beim Füllen sollten die Pfannkuchen noch recht heiß sein, damit die Sahnetupfen auf der Torte ein wenig zerlaufen.

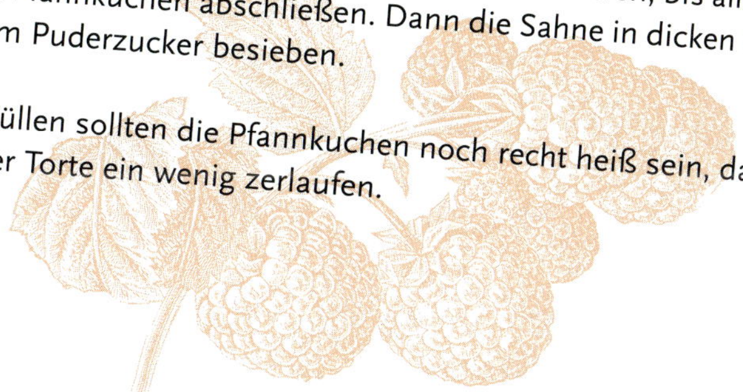

Pfannkuchenturm mit Kirschen

Für den Teig:

2 EL Butter, 4 große Eier, 100 g Mehl, 1 Prise Salz, 2 TL Zucker, 100 ml Milch

Für die Füllung:

750 g Kirschen, 2 EL Zucker

Außerdem:

Butterschmalz oder Öl zum Backen, Puderzucker zum Besieben

Für den Teig die Butter zerlassen und wieder leicht abkühlen lassen. Die Eier trennen. In einer Schüssel das Mehl mit Salz, Zucker und Eigelben verrühren. Milch und die flüssige Butter untermischen und den Teig zugedeckt bei Zimmertemperatur 30 Minuten ruhen lassen. Danach die Eiweiße steif schlagen und vorsichtig unterziehen. Inzwischen für die Füllung die Kirschen von den Stielen zupfen und entsteinen. In einer Schüssel mit dem Zucker vermischen.

In einer mittelgroßen beschichteten Pfanne etwas Schmalz oder Öl erhitzen. Pro Pfannkuchen 2–3 Esslöffel Teig darin bei mittlerer Hitze auf jeder Seite knapp 2 Minuten backen. Bei 50 °C im Backofen warm halten. Zum Servieren die Pfannkuchen auf eine vorgewärmte Platte stapeln und dabei auf jeden eine Lage Kirschen verteilen. Die oberste Schicht mit einigen Kirschen belegen und den Turm mit Puderzucker besieben.

- Servieren Sie dazu noch eine warme Vanillesauce, und der Genuss ist perfekt!
- Eischnee macht Pfannkuchen sehr locker. Wer sie lieber dünn mag, verrührt einfach die ganzen Eier mit Mehl und Milch.

Aprikosenpfannkuchen

200 g Mehl, 1/2 TL Trockenhefe, 1 Prise Salz,
125 g Zucker, abgeriebene Schale von 1/2 unbehandelten Zitrone,
3 Eier, 1/4 l Milch, 1–2 EL Aprikosenlikör oder Orangensaft,
1 TL Nussöl, 300 g reife Aprikosen, 30 g Butterschmalz,
4 EL Crème fraîche, 1/2 TL Zimtpulver

In einer Schüssel das Mehl mit Hefe, Salz, 2 Esslöffeln Zucker, Zitronenschale und Eiern verrühren. Milch, Aprikosenlikör oder Orangensaft und Öl untermischen. Zugedeckt bei Zimmertemperatur 30 Minuten ruhen lassen.
Die Aprikosen mit kochendem Wasser überbrühen, kurz ziehen lassen und kalt abschrecken. Früchte häuten, halbieren, entsteinen und in Stücke schneiden. Unter den Teig mischen.
Das Butterschmalz in einer großen Pfanne erhitzen. Den Teig zugedeckt darin bei geringer Hitze etwa 10 Minuten backen, danach sollte er an der Unterseite fest sein. Mit Hilfe von 2 Tellern wenden und weitere 5 Minuten backen, erneut wenden und nochmals 5 Minuten backen (Stäbchenprobe machen!). In 4 Stücke schneiden und auf vorgewärmte Teller geben. Jedes Stück mit Crème fraîche bestreichen. Den übrigen Zucker mit dem Zimt mischen, die Portionen damit bestreuen und servieren.

Zwetschenpfannkuchen

5 Eier, 200 g Mehl, 1 Prise Salz, 1 EL Vanillezucker,
1 TL abgeriebene unbehandelte Zitronenschale, knapp 1/2 l Milch,
ca. 1,5 kg Zwetschen, 100 g Zucker, 1/4 TL Zimtpulver,
4 EL Butterschmalz zum Backen

Die Eier trennen. In einer Schüssel das Mehl mit Salz, Vanillezucker, Zitronenschale und Eigelben verrühren. Die Milch untermischen. Teig zugedeckt bei Zimmertemperatur 30 Minuten ruhen lassen. Inzwischen die Zwetschen waschen, halbieren und entsteinen. Die Hälften noch einmal tief ein-, aber nicht durchschneiden. Den Zucker und den Zimt vermischen. Die Eiweiße steif schlagen und vorsichtig unter den Teig heben.

In einer großen beschichteten Pfanne 1 Esslöffel Butterschmalz erhitzen. Ein Viertel des Teigs hineingeben und mit den Zwetschen – Höhlung nach unten – belegen. Mit Zimtzucker bestreuen und zugedeckt bei geringer Hitze etwa 7 Minuten backen. Möglichst gleich aus der Pfanne servieren, dabei nach Wunsch mit Zimtzucker bestreuen. Aus dem restlichen Teig 3 weitere Zwetschenpfannkuchen backen.

Birnenpfannkuchen

Süß und üppig werden diese Pfannkuchen nur mit reifen Birnen guter Qualität. In der birnenlosen Zeit nehmen Sie anstelle von gekauftem Dosenobst lieber gut abgetropfte Kompottfrüchte aus eigener Herstellung.

100 g Mehl, 1 Päckchen Mandelpuddingpulver,
1 Prise Salz, 3 Eier, 1/4 l Milch, 2 große, reife Birnen, 6 EL Zucker,
2–3 EL Zitronensaft, 4 EL Butterschmalz zum Backen,
2–3 EL geraspelte Schokolade, 1/4 TL Zimtpulver

In einer Schüssel das Mehl mit Puddingpulver, Salz und Eiern verrühren. Die Milch untermischen. Teig zugedeckt bei Zimmertemperatur 30 Minuten ruhen lassen. Inzwischen die Birnen vierteln, schälen, vom Kerngehäuse befreien und in Spalten schneiden. Mit 2 Esslöffeln Zucker und dem Zitronensaft mischen.

In einer mittelgroßen beschichteten Pfanne 1 Esslöffel Schmalz erhitzen. Ein Viertel des Teigs zugeben, mit Birnenspalten belegen und zugedeckt bei mittlerer Hitze etwa 5 Minuten backen. Pfannkuchen mit Hilfe von 2 Tellern wenden und auf der zweiten Seite weitere 5 Minuten backen. Herausnehmen und bei 50 °C im Backofen warm halten. Aus dem restlichen Teig 3 weitere Birnenpfannkuchen backen. Zum Servieren den restlichen Zucker mit Schokolade und Zimt mischen und die Pfannkuchen damit bestreuen.

Rosinenpfannkuchen mit Rhabarberkompott

Für das Kompott:
300 g Rhabarber, 200 g Erdbeeren, 1/8 l weißer Traubensaft,
1 Stück unbehandelte Zitronenschale, 125 g Zucker,
2 EL Vanillepudding (Fertigprodukt)
Für den Teig:
50 g Butter, 6 Eier, etwas Zitronensaft, 2 EL feiner Zucker, 300 g Mehl,
1 Prise Salz, 1 große Msp. abgeriebene unbehandelte Zitronenschale, 1/2 l Milch,
100 g Rosinen, 4 EL Butterschmalz, 3 EL Puderzucker zum Besieben

Für das Kompott den Rhabarber putzen, dabei die Fäden abziehen und die Stangen in knapp fingerbreite Stücke schneiden. Erdbeeren putzen und mit einer Gabel zerdrücken. Mit dem Rhabarber in einem Topf mischen, Saft und Zitronenschale zugeben und alles einmal aufkochen lassen. Zugedeckt bei geringer Hitze 10 Minuten garen. Abkühlen lassen. Dann Zucker und Vanillepudding untermischen.
Für den Teig die Butter zerlassen und die Eier trennen. Die Eiweiße mit ein paar Tropfen Zitronensaft und dem Zucker zu steifem Schnee schlagen. In einer Schüssel das Mehl mit Salz, Zitronenschale und Eigelben verrühren. Die Milch und die flüssige Butter untermischen. Zuletzt den Eischnee und die Rosinen vorsichtig unterheben.
Den Backofen auf 50 °C vorheizen und 4 Portionsteller darin vorwärmen. 1 Esslöffel Butterschmalz in einer großen beschichteten Pfanne erhitzen. Ein Viertel des Teigs hineingießen und zugedeckt bei geringer Hitze etwa 10 Minuten backen, danach sollte der Pfannkuchen an der Unterseite fest sein. Mit Hilfe von 2 Tellern wenden und weitere 5–7 Minuten backen. Auf einen Teller legen, mit etwas Puderzucker besieben und dann im Backofen warm halten. Aus dem restlichen Teig 3 weitere dicke Pfannkuchen backen und jeweils auf einem Portionsteller mit Puderzucker besieben. Heiß zum kalten Kompott servieren.

Pfannkuchenstrudel mit Äpfeln

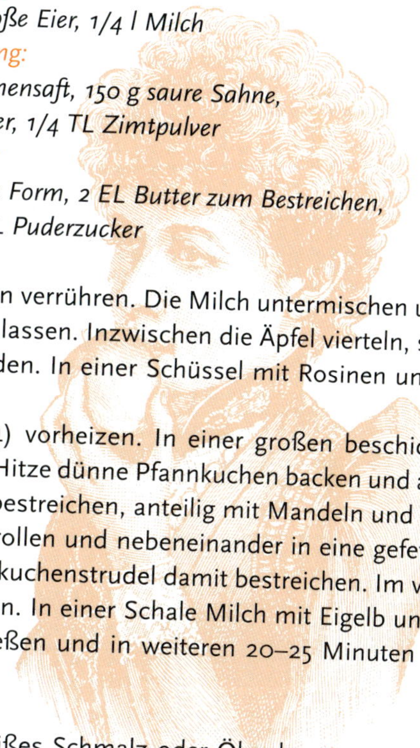

Für den Teig:
150 g Mehl, 1 Prise Salz, 3 große Eier, 1/4 l Milch
Für die Füllung:
500 g Äpfel, 2 EL Rosinen, 2 EL Zitronensaft, 150 g saure Sahne, 100 g Mandelstifte, 100 g Zucker, 1/4 TL Zimtpulver
Außerdem:
Butterschmalz oder Öl zum Backen, Fett für die Form, 2 EL Butter zum Bestreichen, 1/4 l Milch, 1 Eigelb, 1 EL Puderzucker

Für den Teig in einer Schüssel das Mehl mit Salz und Eiern verrühren. Die Milch untermischen und den Teig zugedeckt bei Zimmertemperatur 30 Minuten ruhen lassen. Inzwischen die Äpfel vierteln, schälen, vom Kerngehäuse befreien und in dünne Spalten schneiden. In einer Schüssel mit Rosinen und Zitronensaft vermischen.

Den Backofen auf 200 °C (Umluft 180 °C, Gas Stufe 4) vorheizen. In einer großen beschichteten Pfanne Schmalz oder Öl erhitzen und darin bei mittlerer Hitze dünne Pfannkuchen backen und abkühlen lassen. Jeden Pfannkuchen mit etwas saurer Sahne bestreichen, anteilig mit Mandeln und Zimtzucker bestreuen und mit Äpfeln belegen. Zusammenrollen und nebeneinander in eine gefettete Gratinform legen. Die Butter zerlassen und den Pfannkuchenstrudel damit bestreichen. Im vorgeheizten Ofen (mittlere Schiene) 10 Minuten backen. In einer Schale Milch mit Eigelb und Puderzucker verrühren, den Strudel damit übergießen und in weiteren 20–25 Minuten goldbraun backen.

Den Pfannkuchenteig immer in heißes Schmalz oder Öl geben. Beim Verteilen sollen sich am Rand, wo die Teigschicht am dünnsten ist, kleine Löcher bilden.

Schokoladenpfannkuchen

Für den Teig:
200 g Mehl, 1 Päckchen Schokoladenpuddingpulver, 1 Prise Salz,
2 EL brauner Zucker, 2 EL Weinbrand, 5 Eier, 3/8 l Milch, 1/8 l Sahne
Für die Füllung:
100 g weiße Schokolade, 100 g Konfitüre nach Belieben,
2 EL Cassis (schwarzer Johannisbeerlikör)
Außerdem:
Butterschmalz oder Erdnussöl zum Backen

Für den Teig in einer Schüssel das Mehl mit Puddingpulver, Salz, Zucker, Weinbrand und Eiern verrühren. Die Milch und die Sahne untermischen. Den Teig zugedeckt bei Zimmertemperatur 30 Minuten ruhen lassen.

In einer großen beschichteten Pfanne Schmalz oder Öl erhitzen. Pro Pfannkuchen knapp 1/2 Schöpfkelle Teig darin bei mittlerer Hitze auf jeder Seite etwa 2 Minuten backen. Übereinander geschichtet im Backofen bei 50 °C warm halten.

Für die Füllung die Schokolade mittelfein hacken. Die Konfitüre mit dem Cassis verrühren und die Pfannkuchen damit bestreichen, mit der Schokolade bestreuen und zusammenklappen oder aufrollen. Sofort servieren.

Haferflocken-Pfannkuchen mit Apfelsirup

Für den Apfelsirup:
1 unbehandelte Zitrone, 100 g Apfelkraut, 1/2 l Apfelsaft,
1 EL Sanddornsirup, 2 EL Rosinen
Für den Teig:
50 g blütenzarte Haferflocken, 100 ml kochendes Wasser, 1 Ei, 1 TL Zucker, 1/2 TL Salz,
1/4 l Milch, 250 g fettarmer Joghurt, 150 g Mehl, 1/2 TL Backpulver, 2 EL Sonnenblumenöl
Außerdem:
Butterschmalz zum Backen

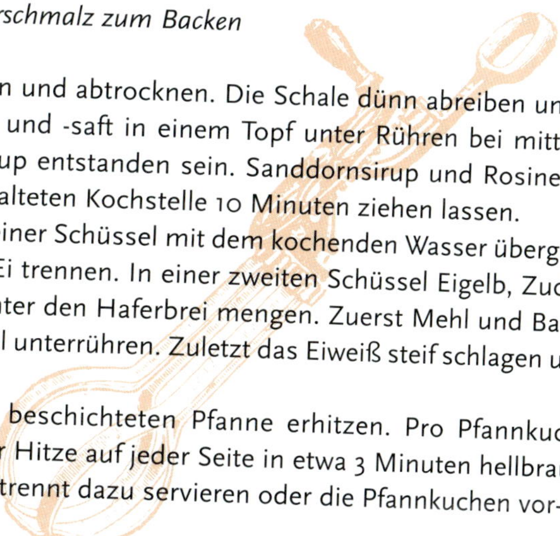

Für den Apfelsirup die Zitrone heiß abspülen und abtrocknen. Die Schale dünn abreiben und den Saft auspressen. Schale und Saft mit Apfelkraut und -saft in einem Topf unter Rühren bei mittlerer Hitze erwärmen, danach sollte ein homogener Sirup entstanden sein. Sanddornsirup und Rosinen untermischen. Den Sirup zugedeckt auf der abgeschalteten Kochstelle 10 Minuten ziehen lassen.
Inzwischen für den Teig die Haferflocken in einer Schüssel mit dem kochenden Wasser übergießen und zugedeckt 10 Minuten quellen lassen. Das Ei trennen. In einer zweiten Schüssel Eigelb, Zucker, Salz, Milch und Joghurt kräftig verrühren und unter den Haferbrei mengen. Zuerst Mehl und Backpulver vermengen und untermischen, dann das Öl unterrühren. Zuletzt das Eiweiß steif schlagen und vorsichtig unterheben.

Etwas Schmalz in einer mittelgroßen beschichteten Pfanne erhitzen. Pro Pfannkuchen etwa 3 Esslöffel Teig darin bei mittlerer Hitze auf jeder Seite in etwa 3 Minuten hellbraun backen. Den Apfelsirup entweder getrennt dazu servieren oder die Pfannkuchen vorher damit bestreichen.

Der Apfelsirup schmeckt heiß oder gekühlt. Und die Pfannkuchen sind möglichst gleich aus der Pfanne serviert am besten. Am besten wechseln Sie sich beim Backen einfach ab.

Kürbispfannkuchen

Diese Pfannkuchen harmonieren gut mit Obstsalat oder Rhabarberkompott. Als Hauptgericht schmecken sie zusammen mit Salat und erstaunlichweise sogar mit Sauerkraut.

*200 g süßsauer eingelegter Kürbis (Fertigprodukt),
200 g Mehl, 1 Prise Salz, 40 g brauner Zucker, 1 TL Zimtpulver,
frisch geriebene Muskatnuss, 4 Eier, 1/8 l Milch, 1/4 l Buttermilch,
Butterschmalz oder Erdnussöl zum Backen*

Den Kürbis in ein Sieb gießen und abtropfen lassen. Mit dem Mixstab nicht zu fein zerkleinern. In einer Schüssel das Mehl mit Salz, Zucker, Zimt, Muskat und Eiern verrühren. Milch und Buttermilch zugießen und alles zu einem zähflüssigen Teig verrühren. Zugedeckt bei Zimmertemperatur 30 Minuten ruhen lassen. Danach den Kürbis untermischen.

Eine kleine beschichtete Pfanne erhitzen, mit etwas Schmalz oder Öl auspinseln. Pro Pfannkuchen knapp 2 Esslöffel Teig darin verteilen und zugedeckt bei mittlerer Hitze auf jeder Seite in knapp 3 Minuten goldbraun backen.

Einfache Palatschinken

Palatschinken werden in Österreich oft mit warmem Johannisbeergelee, Aprikosen- oder Erdbeerkonfitüre bestrichen, zu Vierteln zusammengeklappt und warm mit Puderzucker besiebt serviert. Zusammenrollen gilt als kulinarischer Stilbruch und ist nur für Pfannkuchen akzeptabel.

125 g Mehl, 1 Prise Salz, 3 Eier, 2 Eigelbe, 1/4 l Milch,
Butterschmalz oder Öl zum Backen

In einer Schüssel das Mehl mit Salz, Eiern und Eigelben verrühren. Milch untermischen und den Teig zugedeckt bei Zimmertemperatur 30 Minuten ruhen lassen. In einer großen beschichteten Pfanne Öl erhitzen. Pro Palatschinken knapp 1/2 Schöpfkelle Teig darin bei mittlerer Hitze auf jeder Seite etwa 2 Minuten backen. Übereinander geschichtet im Backofen bei 50 °C warm halten.

Marillenpalatschinken

Das ist die üppige Version der berühmten K. u. k.-Aprikosenpfannkuchen. Einfacher geht es mit einem dicken Klecks Aprikosenkonfitüre, den man auf dem heißen Palatschinken verstreicht.

Für den Teig:

250 g Mehl, 1 Prise Salz, 1 TL Vanillezucker, 4 Eier, 3 Eigelbe, 1/2 l Milch

Für die Sauce:

500 g Aprikosen (Marillen), 1 unbehandelte Zitrone, 1 Stück Zimtstange, 75 g Zucker, 1/4 l heller Traubensaft, 1 gehäufter TL Speisestärke, 1 Eigelb, 1 TL Vanillezucker, 1 EL Marillenlikör

Außerdem:

Butterschmalz oder Öl zum Backen

Für den Teig in einer Schüssel das Mehl mit Salz, Vanillezucker, Eiern und Eigelben verrühren. Milch untermischen und den Teig zugedeckt bei Zimmertemperatur 30 Minuten ruhen lassen. Inzwischen für die Sauce die Aprikosen blanchieren, häuten, entsteinen und in kleine Stücke schneiden. Die Zitrone waschen, abtrocknen und ein etwa 4 Zentimeter großes Stück Schale dünn abschälen. Den Saft auspressen. Die vorbereiteten Zutaten mit der Zimtstange und dem Zucker in einen Topf geben. Mit zwei Dritteln des Traubensafts aufkochen. Zugedeckt bei geringer Hitze 10 Minuten garen. Die Speisestärke mit dem restlichen Traubensaft verrühren. Zu den Aprikosen geben und unter Rühren noch einmal aufkochen. Zimtstange und Zitronenschale entfernen und die Aprikosen pürieren. Das Eigelb mit etwas heißer Aprikosensauce glatt rühren, in die Sauce einrühren und nochmals kurz erhitzen. Vorsicht: Sie darf danach nicht mehr kochen. Mit Vanillezucker und Likör abschmecken und warm halten.

In einer großen beschichteten Pfanne Öl erhitzen. Pro Palatschinken knapp 1/2 Schöpfkelle Teig darin bei mittlerer Hitze auf jeder Seite etwa

2 Minuten backen. Jeweils übereinander schichten und im Backofen bei 50 °C warm halten. Zum Servieren die fertigen Palatschinken zu Vierteln zusammenklappen, auf Portionsteller verteilen und mit der Sauce umgießen.

Erdbeerpalatschinken

125 g feines Mehl (Instant-Mehl Type 405 oder Wiener Griessler), 1 Prise Salz, 5 Eier, 1/4 l Milch, 500 g Erdbeeren, 1/8 l Erdbeersauce (Fertigprodukt), Butterschmalz oder Öl zum Backen

Das Mehl mit Salz und Eiern verrühren. Die Milch untermischen. Den Teig zugedeckt bei Zimmertemperatur 30 Minuten ruhen lassen. Inzwischen die Erdbeeren putzen und je nach Größe halbieren oder vierteln. Mit 2 Esslöffeln Erdbeersauce mischen.

In einer großen beschichteten Pfanne Öl erhitzen. Pro Palatschinken knapp 1/2 Schöpfkelle Teig darin bei mittlerer Hitze auf jeder Seite etwa 2 Minuten backen. Übereinander geschichtet im Backofen bei 50 °C warm halten. Palatschinken jeweils zur Hälfte mit Erdbeeren belegen, zusammenklappen und mit Erdbeersauce beträufeln.

Das schnelle und zugleich edle Dessert schmeckt besonders gut mit Vanilleeis und/oder Schlagsahne.

Palatschinken mit Pfirsich-Mandel-Sahne

Für den Teig:

100 g Mehl, 1 Prise Salz, 1 TL Puderzucker, 2 Eier, 1 Eigelb, 1/4 l Milch

Für die Füllung:

2 reife Pfirsiche, 2 EL Sanddornsirup, 2 EL Orangensaft, 50 g Mandelstifte, 200 ml Sahne, 2 EL Puderzucker

Außerdem:

Butterschmalz oder Öl zum Backen, 2 EL geraspelte Schokolade

Für den Teig in einer Schüssel das Mehl mit Salz, Puderzucker, Eiern und Eigelb verrühren. Die Milch untermischen und den Teig zugedeckt bei Zimmertemperatur 30 Minuten ruhen lassen. Inzwischen für die Füllung die Pfirsiche blanchieren, häuten, entsteinen und in kleine Stücke schneiden. Mit Sanddornsirup, Orangensaft und Mandelstiften vermischen und kühl stellen, bis die Palatschinken fertig gebacken sind. Sahne mit Puderzucker steif schlagen und ebenfalls zugedeckt kühl stellen. In einer großen beschichteten Pfanne Öl erhitzen. Pro Palatschinken knapp 1/2 Schöpfkelle Teig darin bei mittlerer Hitze auf jeder Seite etwa 2 Minuten backen. Übereinander geschichtet im Backofen bei 50 °C warm halten. Zum Servieren 2 Palatschinken auf einen Portionsteller legen. Pfirsichstücke anteilig in die Mitte geben, einen Klecks Sahne darauf setzen und die Palatschinken darüber wie ein Briefkuvert zusammenklappen. Die restliche Sahne in Tupfen auf die Portionen setzen und mit geraspelter Schokolade bestreut servieren.

Quarkpalatschinken

Für den Teig:
2 EL Butter, 100 g Mehl, Salz, 1 TL Puderzucker, 2 Eier, 1/4 l Milch
Für die Füllung:
80 g weiche Butter, 4 EL Zucker, 1 EL Vanillezucker, 4 Eier, 500 g Quark (20 % Fett i. Tr.), 125 g saure Sahne, 100 g Rosinen, 1 Prise Salz, 2 EL Zitronensaft, abgeriebene Schale von 1/2 unbehandelten Zitrone, 1 EL Puderzucker
Außerdem:
Öl zum Backen, Butter für die Form, 1/8 l Milch, 2 Eier, 1 EL Puderzucker, Puderzucker zum Besieben

Für den Teig die Butter zerlassen und wieder abkühlen lassen. In einer Schüssel das Mehl mit Salz, Puderzucker und Eiern verrühren. Milch und Butter untermischen und den Teig zugedeckt bei Zimmertemperatur 30 Minuten ruhen lassen. Inzwischen für die Füllung Butter, Zucker und Vanillezucker schaumig rühren. Die Eier trennen. Zuerst nacheinander Eigelbe, Quark, saure Sahne, Rosinen, Salz, Zitronensaft und -schale untermischen. Dann Eiweiße mit Puderzucker steif schlagen und unterziehen.

Den Backofen auf 200 °C (Umluft 180 °C, Gas Stufe 4) vorheizen. In einer großen beschichteten Pfanne Öl erhitzen. Pro Palatschinken knapp 1/2 Schöpfkelle Teig darin bei mittlerer Hitze auf jeder Seite etwa 2 Minuten backen. Palatschinken einander zu etwa einem Viertel überlappend auf der Arbeitsfläche ausbreiten, diese „Palatschinken-Platte" mit zwei Dritteln der Quarkcreme bestreichen, als ganze Platte von vorn her aufrollen, in etwa 6 Zentimeter lange Stücke schneiden und dachziegelartig in eine gebutterte Gratinform legen. Im vorgeheizten Backofen (mittlere Schiene) etwa 15 Minuten backen, herausnehmen.

Milch, Eier, Puderzucker und restliche Creme verrühren und über die Palatschinken gießen. Im Ofen 10–15 Minuten überbacken, danach sollte die Milch fast vollständig aufgesogen sein und die Palatschinken eine goldbraune Kruste haben. Sofort mit Puderzucker besiebt servieren.

Einfache Crêpes

Traditionell bäckt man den Teig für die Crêpes auf einer heizbaren runden Eisenplatte. Dazu wird er darauf mit einem Crêpesspatel hauchdünn verstrichen. Inzwischen sind aber auch spezielle beschichtete Backplatten im Handel, die man in den fertigen Teig taucht. Der Teig muss durch Butter und Eier schön fett sein, damit die Crêpes hauchdünn und saftig werden – zu viel Mehl macht sie brüchig.

80 g Butter, 250 g Mehl, 1 Prise Salz, 1 gehäufter EL Zucker, 6 Eier, 100 ml Milch, 5 cl Rum oder Sahne, Öl oder Butter zum Backen

Die Butter zerlassen und leicht abkühlen lassen. In einer Schüssel das Mehl mit Salz, Zucker und Eiern verrühren. Milch, flüssige Butter und Rum oder Sahne unterrühren. Zugedeckt bei Zimmertemperatur 30 Minuten ruhen lassen.

Eine mittelgroße Pfanne mit etwas Öl oder Butter auspinseln. Pro Crêpe knapp 1/2 Schöpfkelle Teig darin verteilen und bei mittlerer Hitze auf jeder Seite knapp 2 Minuten backen. Aufeinander gestapelt bei 50 °C im Backofen warm halten. Die Pfanne zwischendurch immer wieder mit etwas Fett auspinseln.

Sie können die Crêpes nach Herzenslust füllen: mit Nussnougatcreme, warmen bzw. kalten Früchten, Eis etc. Oder Sie können sie in der Pfanne, gefüllt oder ungefüllt, mit Cognac, Grand Marnier oder Calvados übergießen und flambieren.

Crêpes Suzette

Die berühmten dünnen Eierkuchen mit Orangensauce gehören zu den Süßspeisen, die man bei Tisch fertig stellen kann: Sie brauchen dazu ein Rechaud und eine Edelstahl- oder Kupferpfanne.

Für die Crêpes:
60 g Butter, 125 g Mehl, 1 Prise Salz, 50 g Puderzucker, etwas abgeriebene unbehandelte Zitronenschale, 3 Eier, 300 ml Milch, 2 EL Sahne
Für die Sauce:
2 unbehandelte Orangen, 1 unbehandelte Zitrone, 75 g Butter, 75 g Puderzucker, 6 EL Orangenlikör (z. B. Grand Marnier)
Außerdem:
Butterschmalz oder Öl zum Backen

Für die Crêpes die Butter zerlassen und wieder abkühlen lassen. In einer Schüssel das Mehl mit Salz, Puderzucker, Zitronenschale und Eiern verrühren. Milch, flüssige Butter und Sahne unterrühren. Zugedeckt bei Zimmertemperatur 30 Minuten ruhen lassen.

Eine kleine Pfanne mit etwas Schmalz oder Öl auspinseln. Pro Crêpe knapp 1/2 Schöpfkelle Teig darin verteilen und bei mittlerer Hitze auf jeder Seite knapp 2 Minuten backen. Aufeinander gestapelt bei 50 °C im Ofen warm halten. Pfanne zwischendurch wieder mit etwas Fett auspinseln.

Für die Sauce 1 Orange und die Zitrone waschen und abtrocknen. Von beiden Zitrusfrüchten je ein etwa 10 Zentimeter langes Stück Schale ganz dünn abschneiden und in hauchfeine Streifen schneiden. Orangen und Zitrone auspressen.

Butter, Puderzucker und Zitrusschalen in einer Pfanne unter Rühren erwärmen, bis der Zucker geschmolzen ist. Orangensaft, Zitronensaft und Orangenlikör zugeben und aufkochen. Crêpes zu Vierteln zusammenklappen, in der Sauce erhitzen und auf vorgewärmte Teller verteilen.

Crêpes normandes

Für den Teig:
50 g Butter, 100 g Mehl, 1 Prise Salz,
1 EL Puderzucker, 2 Eier, etwas abgeriebene unbehandelte Zitronenschale,
100 ml Milch, 100 ml Sahne
Für den Belag:
3 säuerliche Äpfel (z. B. Boskop), 50 g Butter, 2 EL Calvados, 1 EL Puderzucker
Außerdem:
Butterschmalz oder Öl zum Backen, 1 EL Puderzucker zum Besieben

Für den Teig die Butter zerlassen und leicht abkühlen lassen. In einer Schüssel das Mehl mit Salz, Puderzucker, Eiern und Zitronenschale verrühren. Milch, Sahne und flüssige Butter untermischen. Den Teig zugedeckt bei Zimmertemperatur 30 Minuten ruhen lassen.

Inzwischen für den Belag die Äpfel schälen, das Kerngehäuse herausstechen und die Äpfel quer in dünne Scheiben schneiden. Die Butter in einer großen Pfanne erhitzen. Die Äpfel darin bei geringer bis mittlerer Hitze schmoren, bis sie weich und leicht gebräunt sind. Calvados angießen, Puderzucker zugeben und alles locker vermischen, warm halten.

Den Backofen auf 250 °C (Gas Stufe 6) vorheizen. In einer großen beschichteten Pfanne Schmalz oder Öl erhitzen. Knapp 1 Schöpfkelle Teig darin verteilen. Crêpe bei mittlerer Hitze backen (danach sollte die Oberseite fest sein), wenden und in 1–2 Minuten fertig backen. Auf eine ofenfeste Platte legen, mit einigen Apfelscheiben belegen und aufrollen. Etwa 7 weitere Crêpes backen, vorher die Pfanne jedesmal mit Butterschmalz oder Öl ausstreichen.

Die fertigen Crêpes mit dem Puderzucker besieben und im vorgeheizten Ofen etwa 2 Minuten ziehen lassen. Sofort servieren.

Bananencrêpes

Für den Teig:

80 g Butter, 250 g Mehl, 1 Prise Salz, 1 gehäufter EL Zucker, 6 Eier, 100 ml Milch, 50 ml Rum oder Sahne

Für die Füllung:

3 reife Bananen, 2 EL Zitronensaft, 2 EL Kokosflocken, 2 EL Orangenlikör oder Himbeersaft, 100 g Crème fraîche

Außerdem:

Butterschmalz oder Öl zum Backen

Für den Teig die Butter zerlassen und leicht abkühlen lassen. In einer Schüssel das Mehl mit Salz, Zucker und Eiern verrühren. Milch, flüssige Butter und Rum oder Sahne unterrühren. Zugedeckt bei Zimmertemperatur 30 Minuten ruhen lassen.

Für die Füllung die Bananen schälen. 1 Banane mit dem Zitronensaft zerdrücken, die anderen klein würfeln und mit Kokosflocken und Likör oder Saft unter das Püree mischen.

Eine mittelgroße Pfanne mit etwas Schmalz oder Öl auspinseln. Pro Crêpe knapp 1/2 Schöpfkelle Teig darin verteilen und bei mittlerer Hitze auf jeder Seite knapp 2 Minuten backen. Crêpes aufeinander gestapelt bei 50 °C im Backofen warm halten. Die Pfanne zwischendurch immer wieder mit etwas Fett auspinseln.

Vor dem Servieren jede Crêpe mit Crème fraîche bestreichen, mit Bananenfüllung belegen und darüber zu Vierteln zusammenklappen.

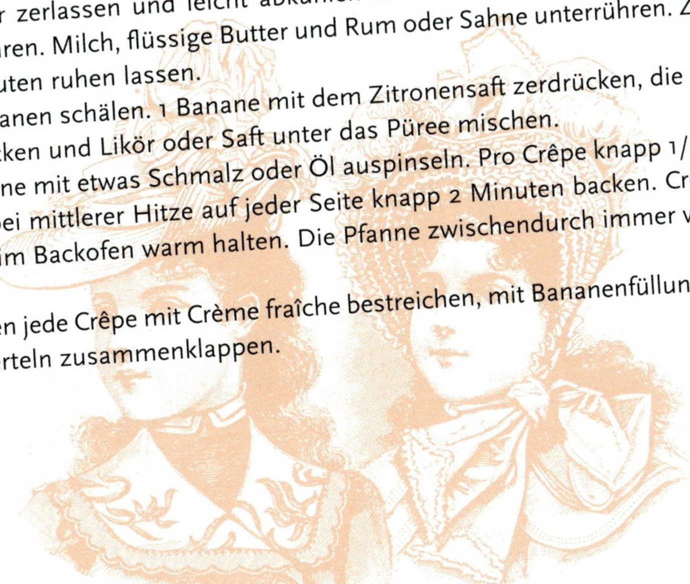

Dinkel-Crêpes mit Lebkuchenfüllung

Für den Teig:
2 EL Butter, 100 g Dinkelvollkornmehl, 1 Prise Salz, 2 große Eier, 1/8 l Milch, 75 ml Sahne
Für die Füllung:
3 Elisenlebkuchen, knapp 1/8 l Punsch (Fertigprodukt), 100 g Studentenfutter, 150 ml Sahne
Außerdem:
Öl zum Backen, 2 EL Kokosflocken und Puderzucker zum Bestreuen

Für den Teig die Butter zerlassen und wieder leicht abkühlen lassen. In einer Schüssel das Mehl mit Salz und Eiern verrühren. Milch, Sahne und flüssige Butter untermischen. Den Teig zugedeckt bei Zimmertemperatur 30 Minuten ruhen lassen. Inzwischen für die Füllung die Oblaten der Lebkuchen abziehen, die Lebkuchen zerkrümeln und mit dem Punsch vermischt ziehen lassen, bis sie weich sind. Mit einer Gabel zerdrücken. Das Studentenfutter mit einem Wiegemesser zerkleinern. Die Sahne steif schlagen. Beide Zutaten unter die Lebkuchenmasse mischen.
In einer kleinen beschichteten Pfanne Öl erhitzen. Pro Crêpe knapp 1/2 Schöpfkelle Teig darin verteilen und bei mittlerer Hitze auf jeder Seite knapp 2 Minuten backen. Jeweils 2 Crêpes nebeneinander auf Portionsteller legen, anteilig mit der Füllung bestreichen und zu Vierteln zusammenklappen. Kokosflocken und Puderzucker mischen und die Crêpes damit bestreuen.

Mrs Beeton's richer pancakes

Sie ist die berühmteste Kochbuch-Autorin Großbritanniens: Isabella Beeton (1836–1865). In ihrem kurzen Leben hat sie durch ihr „Book of Household Management" Generationen junger Frauen mit mehr als 1300 Rezepten und allen Tipps versorgt, die frau im Haus braucht. Ihren Gatten, den Verleger Sam Beeton, machte sie mit diesem Buch zu einem reichen Mann.

150 g Mehl, 1 kräftige Prise Salz, 100 g Zucker,
1/2 TL frisch geriebene Muskatnuss, 2 EL Sherry medium, 6 Eier, 1/2 Sahne,
Butterschmalz, Kokosfett oder Öl zum Backen

Das Mehl mit Salz, Zucker, Muskat, Sherry und Eiern verrühren. Die Sahne untermischen und den Teig zugedeckt bei Zimmertemperatur 30 Minuten ruhen lassen.
In einer großen beschichteten Pfanne Kokosfett oder Öl erhitzen. Pro Pancake knapp 1 Schöpfkelle Teig darin verteilen und bei mittlerer Hitze auf jeder Seite etwa 2 Minuten backen.

American pancakes mit Ahorn-Butter-Sirup

Zu diesen original American pancakes gehört Sodapulver: Es gibt beim Backen Kohlendioxid ab und macht die Pfannkuchen dick und saftig. Das weiße geschmacks- und geruchsneutrale Pulver bekommen Sie in den Lebensmittelabteilungen von Kaufhäusern und in britischen Geschäften.

Für den Teig:
50 g Butter, 250 g Mehl, 1 TL Salz, 3 EL Zucker,
je 1/2 TL Sodapulver und Backpulver, 2 Eier, 1/4 l Milch
Für den Ahorn-Butter-Sirup:
80 ml Ahornsirup, 25 g Butter

Für den Teig die Butter zerlassen und wieder leicht abkühlen lassen. Das Mehl mit Salz, Zucker, Soda- und Backpulver in einer Schüssel vermischen. In einer hohen Rührschüssel die Eier verquirlen und die Milch unterrühren. Zuerst die abgekühlte Butter, dann die Mehlmischung zugeben und alles rasch zu einem glatten Teig verrühren.

In einer großen beschichteten Pfanne Öl erhitzen. Pro Pancake 3 Esslöffel Teig hineingeben und zu dicken Fladen von etwa 10 Zentimetern Durchmesser verstreichen. Bei mittlerer Hitze etwa 2 Minuten backen, danach sollten sich an der Oberfläche kleine Bläschen gebildet haben. Pancakes wenden und in etwa 2 Minuten fertig backen. Auf einer Platte stapeln und bei 50 °C im Backofen warm halten, bis alle Pancakes fertig sind.

Für den Ahorn-Butter-Sirup Ahornsirup und Butter in einem kleinen Töpfchen erhitzen und verrühren. Die Pfannkuchen mit dem Sirup übergießen und servieren.

Buttermilch-Pancakes

2 EL Butter, 1 Ei, 1/4 l Buttermilch,
2 TL flüssiger Honig, 250 g Mehl, 1/2 TL Salz,
etwas abgeriebene unbehandelte Zitronenschale,
je 1/2 TL Sodapulver und Backpulver,
Öl zum Backen

Die Butter zerlassen und wieder leicht abkühlen lassen. Das Ei mit der Buttermilch verquirlen. Den Honig und die Butter untermischen. Das Mehl mit Salz, Zitronenschale, Soda und Backpulver in einer Schüssel vermischen. In der Mitte eine Mulde hineindrücken. Die Eiermischung hineingeben und nach und nach unterrühren. Zugedeckt bei Zimmertemperatur 30 Minuten ruhen lassen.
In einer großen beschichteten Pfanne Öl erhitzen. Pro Pancake 3 Esslöffel Teig hineingeben und zu dicken Fladen von etwa 10 Zentimetern Durchmesser verstreichen. Bei mittlerer Hitze etwa 3 Minuten backen, danach sollten sich an der Oberfläche kleine Bläschen gebildet haben. Pancakes wenden und in etwa 2 Minuten fertig backen. Auf einer Platte stapeln und bei 50 °C im Backofen warm halten, bis alle Pancakes fertig sind.

Pancakes mit Butter-Vanille-Sauce

Für die Sauce:

1/2 Vanilleschote, 1/8 l Milch, 125 g Butter,
100 g brauner Zucker, 60 ml Sahne, 1 EL Weinbrand, 1–2 TL Zitronensaft

Für den Teig:

2 Eier, 1/4 l Milch, 2 TL Ahornsirup oder flüssiger Honig, 1 EL Erdnussöl,
250 g Mehl, 1/2 TL Salz, etwas abgeriebene unbehandelte Zitronenschale,
je 1/2 TL Sodapulver und Backpulver

Außerdem:

Öl zum Backen

Für die Sauce die Vanilleschote der Länge nach aufschneiden und das Mark herauskratzen. Mark und Schote mit der Milch in einem kleinen Topf erhitzen und 10 Minuten ziehen lassen. Butter und Zucker in einem Kochtopf vermischen, bei mittlerer Hitze unter Rühren schmelzen und hellbraun karamellisieren lassen. Den Topf von der Kochstelle nehmen und einen guten Schuss Vanillemilch unter die Buttermischung rühren. Den Topf wieder auf die Kochstelle setzen und die restliche Milch nach und nach unterrühren. Die Vanilleschote entfernen. Die Sahne halb steif schlagen und unter die Sauce heben. Mit Weinbrand und Zitronensaft aromatisieren und abkühlen lassen.

Für den Teig die Eier mit der Milch verquirlen. Sirup oder Honig und Öl untermischen. In einer Schüssel das Mehl mit Salz, Zitronenschale, Soda und Backpulver mischen. In der Mitte eine Mulde hineindrücken. Die Eiermischung hineingeben und nach und nach alles zu einem glatten Teig verrühren. Zugedeckt bei Zimmertemperatur 30 Minuten ruhen lassen.

In einer großen beschichteten Pfanne Öl erhitzen. Pro Pancake 3 Esslöffel Teig zugeben und zu dicken Fladen von etwa 10 Zentimetern Durchmesser verstreichen. Bei mittlerer Hitze etwa 3 Minuten backen, danach sollten sich an der Oberfläche kleine Bläschen gebildet haben. Pancakes wenden und in 2 Minuten fertig backen.

Heiß mit der Sauce servieren.

Blinis

Dies könnte ein Highlight für Ihren Ostersonntags-Brunch werden: In Russland gehören die kleinen goldbraunen Hefepfannkuchen untrennbar zum Frühling, sie symbolisieren nämlich die Sonne.

1 gehäufter TL Trockenhefe, 1 EL Zucker, 1/2 l lauwarme Milch,
100 ml Buttermilch, 2 EL Butter, 500 g Mehl, 4 zimmerwarme Eier, 1 Prise Salz,
Sonnenblumenöl zum Backen

In einer Schüssel die Hefe mit Zucker und 1/8 Liter Milch verrühren. Zugedeckt 15 Minuten bei Zimmertemperatur gehen lassen. Die restliche Milch und die Buttermilch mit der Butter erwärmen, bis diese zerlaufen ist. Das Mehl mit dem Salz gemischt zur Hefe geben, die Milchmischung zugießen und die Eier zufügen. Alles mit den Quirlen des Handrührers etwa 3 Minuten durchrühren. Den Teig zugedeckt an einem warmen, zugfreien Ort 1 Stunde gehen lassen, danach sollte sich sein Volumen in etwa verdoppelt haben.
In einer kleinen beschichteten Pfanne reichlich Öl erhitzen. Pro Blini 2 Esslöffel Teig darin zu kleinen Fladen verstreichen und bei geringer bis mittlerer Hitze auf jeder Seite etwa 3 Minuten backen. Im Backofen bei 50 °C warm halten, bis alle Blinis gebacken sind.

Servieren Sie diese Blinis mit Butter, Honig oder Orangenmarmelade.

Pommersche Hefeplinsen

Am besten schmecken die Plinsen frisch aus der Pfanne. Dazu passt ein Kompott: z. B. Zwetschen und Birnen zusammen gekocht, mit Honig und Vanille gewürzte Sauerkirschen oder gedünstete, mit Aprikosenlikör aromatisierte Aprikosen.

1/2 Würfel Hefe (21 g), 3/8 l Milch, 60 g Zucker,
1 EL Butter, 300 g Weizenmehl (Type 550 oder 1050), 1 Prise Salz,
abgeriebene Schale von 1/2 unbehandelten Zitrone,
1 Ei, Butterschmalz oder Öl zum Backen

Die Hefe zerbröckeln, in einer Schale mit etwa 1/8 Liter lauwarmer Milch und 1 Teelöffel Zucker verrühren und 15 Minuten gehen lassen. Die Butter in der restlichen Milch bei geringer Hitze zerlassen. In einer Schüssel das Mehl mit restlichem Zucker, Salz und Zitronenschale mischen. Nacheinander Hefe und Milch mit Butter und Ei untermischen. Den Teig mit den Quirlen des Handrührers etwa 10 Minuten kräftig rühren. Mit etwas Mehl bestäuben und zugedeckt an einem warmen zugfreien Ort etwa 1 Stunde gehen lassen. Danach den Teig 5 Minuten rühren und weitere 15 Minuten gehen lassen.
Fett in einer großen Pfanne erhitzen. Aus dem Teig etwa handtellergroße Fladen hineinsetzen und bei mittlerer Hitze auf jeder Seite etwa 4 Minuten backen.

Indonesische Hefepfannkuchen

300 g Mehl, 2 TL Trockenhefe, 75 g Zucker, 1/2 TL Salz,
1/2 l lauwarme Milch, 3 Eier, 60 g Butter, 125 g gesalzene Erdnusskerne,
125 g geraspelte weiße Schokolade, 2 gehäufte TL Crème fraîche

In einer Schüssel Mehl mit Hefe, Zucker und Salz mischen. 1/4 Liter lauwarme Milch zugießen und alles zu einem glatten Teig verrühren. Zugedeckt 15 Minuten bei Zimmertemperatur gehen lassen. Danach die Eier mit der restlichen Milch verquirlen und unter Rühren zugießen. Den Teig mit den Quirlen des Handrührers etwa 3 Minuten durchrühren. Nochmals zugedeckt bei Zimmertemperatur 1 Stunde gehen lassen. Inzwischen die Hälfte der Butter in einem kleinen Topf zerlassen, die andere Hälfte in kleine Stücke schneiden und auf einen Teller geben. Die Erdnusskerne nicht zu fein hacken.

Eine große beschichtete Pfanne bei geringer Hitze erwärmen und mit etwas flüssiger Butter auspinseln. Mit der Hälfte des Teigs füllen und die Pfanne so schwenken, dass der Teig den Pfannenrand rundherum etwa fingerhoch benetzt. Pfannkuchen zugedeckt bei geringer bis mittlerer Hitze etwa 10 Minuten backen, danach sollten sich auf der Teigoberfläche viele kleine Löcher gebildet haben. Einige Butterstückchen auf dem Teig verteilen und den Pfannkuchen zugedeckt weitere 3–4 Minuten backen, dabei nicht wenden.

Eine Servierplatte mit 1/2 Esslöffel flüssiger Butter bestreichen. Den Pfannkuchen mit einem Spatel so darauf schieben, dass die gebackene Seite unten liegt. Mit 1 Teelöffel Crème fraîche bestreichen, mit je der Hälfte der Erdnüsse und der Schokolade bestreuen und zusammenklappen. Mit flüssiger Butter bestreichen und im Backofen bei 50 °C warm halten. Aus den restlichen Zutaten einen weiteren Pfannkuchen wie beschrieben backen, füllen und zusammenklappen. Zum Essen beide in 2 Finger breite Streifen schneiden.

Herzhafte Pfannkuchen

Speckpfannkuchen

Das ist der Klassiker. Für den westfälischen „Pannekoken mit Pillewörmern“ nehmen Sie statt Speck rohen Schinken, den Sie in schmale Streifen schneiden: Diese essbaren Pillewörmer (Regenwürmer) auf dem Pfannkuchen sind angeblich die Erfindung einer Münsteraner Wirtin.

250 g Mehl, Salz, 1/2 TL Backpulver,
3 Eier, 1/2 l Milch, 250 g durchwachsener Räucherspeck,
Butterschmalz oder Öl zum Backen

In einer Schüssel das Mehl nacheinander mit Salz, Backpulver und Eiern verrühren. Milch untermischen und den Teig zugedeckt bei Zimmertemperatur 30 Minuten ruhen lassen. Inzwischen den Speck von der Schwarte befreien und in dünne Scheiben schneiden, dabei die Knorpel entfernen.
In einer großen beschichteten Pfanne Butterschmalz oder Öl erhitzen. Die Pfanne mit Speck auslegen und diesen kurz anbraten. Pro Pfannkuchen knapp 1 Schöpfkelle Teig darüber verteilen und bei mittlerer Hitze auf jeder Seite etwa 2 Minuten backen.

Niederländische Speckpfannkuchen

200 g Mehl, 1/2 TL Backpulver, 1 Prise Salz, 2 Eier, 200 g durchwachsener Speck

In einer Schüssel das Mehl mit Backpulver und Salz vermischen und dann mit etwas kaltem Wasser zu einem dickflüssigen Teig verrühren. Unter Rühren die Eier zufügen. Den Teig zugedeckt bei Zimmertemperatur 30 Minuten ruhen lassen. Inzwischen den Speck in dünne Scheiben schneiden.

Eine große beschichtete Pfanne erhitzen und ein Viertel des Specks darin hellbraun braten. Ein Viertel des Teigs darüber verteilen und bei mittlerer Hitze in etwa 2 Minuten goldbraun backen. Wenden, in 1–2 Minuten fertig backen und sofort servieren. Mit dem übrigen Speck und Teig 3 weitere Pfannkuchen backen.

Niederländische Käsepfannkuchen

Sparen Sie beim Backen nicht mit Fett, denn es macht die Pfannkuchen schön knusprig. Und damit sie es auch bleiben, muss man sie sofort essen. Deshalb wechseln Sie sich beim Backen am besten ab oder teilen jeden fertigen Pfannkuchen auf.

150 g Mehl, Salz, frisch gemahlener Pfeffer,
frisch geriebene Muskatnuss, 2 Eier, 1/4 l fettarme Milch (1,5 % Fett),
150 g mittelalter Gouda in dünnen Scheiben,
Butterschmalz oder Öl zum Backen,
100 g Rübenkraut oder Apfelkraut

In einer Schüssel das Mehl mit Salz, Pfeffer, Muskat und Eiern verrühren. Die Milch untermischen. Den Teig zugedeckt bei Zimmertemperatur 30 Minuten ruhen lassen. Inzwischen die Käsescheiben in etwa 2 Zentimeter breite Streifen schneiden.

In einer großen beschichteten Pfanne Butterschmalz oder Öl erhitzen. Ein Viertel des Teigs darin verteilen und bei mittlerer Hitze etwa 1 Minute backen. Mit einem Viertel der Käsestreifen belegen und backen, bis sich der Pfannkuchen am Rand leicht hochbiegt und knusprig wird. Wenden und bei geringer Hitze in etwa 1 Minute fertig backen. Mit der Käseseite nach oben auf einen vorgewärmten Teller legen, mit Rüben- oder Apfelkraut bestreichen, zusammenrollen und sofort servieren. Mit dem übrigen Teig und Käse 3 weitere Pfannkuchen backen.

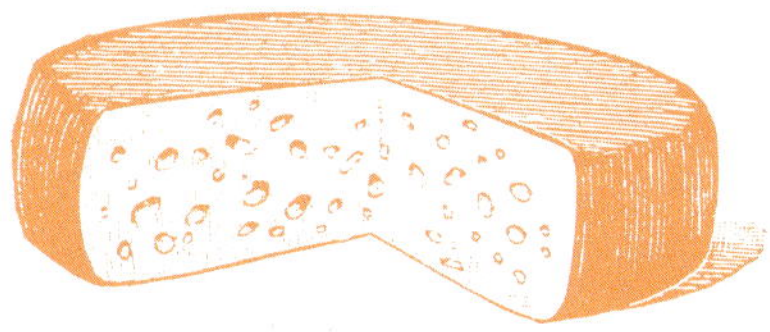

Dicker Käsepfannkuchen

100 g würziger Hartkäse
(z. B. mittelalter Gouda, Sbrinz oder Chester),
50 g Mehl, Salz, frisch gemahlener Pfeffer,
1/2 TL edelsüßes Paprikapulver, knapp 1/4 TL gemahlener Koriander,
4 Eier, 1 EL gehackte Petersilie, 1 Knoblauchzehe, 4 EL Sahne oder Milch,
1 TL Zitronensaft, 1 EL Butter, 1 EL Öl

Den Käse fein reiben. In einer Schüssel das Mehl mit Salz, Pfeffer, Paprikapulver und Koriander mischen. Die Eier trennen. Die Eigelbe mit Petersilie, durchgepresstem Knoblauch und Sahne oder Milch verquirlen, zum Mehl geben und unterrühren. Die Eiweiße mit dem Zitronensaft steif schlagen und auf die Eigelbcreme geben. Etwa zwei Drittel der Käsemenge darüberstreuen und alles vorsichtig mit einem Schneebesen vermischen.
Die Butter mit dem Öl in einer großen Pfanne erhitzen. Den Teig in die Pfanne gießen und bei geringer Hitze zugedeckt etwa 10 Minuten braten. Den Pfannkuchen wenden, mit dem restlichen Käse bestreuen und in der offenen Pfanne noch etwa 3 Minuten braten, danach sollte er an der Unterseite leicht gebräunt sein. Mit einem Pfannenmesser vierteln und auf gut vorgewärmten Tellern sofort servieren.

Pfannkuchen mit Tomaten und Käse

100 g Mehl, Salz, 2 Eier, 200 ml Milch, 2 feste Tomaten, 2 Frühlingszwiebeln, frisch gemahlener Pfeffer, Öl zum Backen, 50 g geriebener mittelalter Gouda

In einer Schüssel das Mehl mit Salz und Eiern verrühren. Milch untermischen und den Teig zugedeckt bei Zimmertemperatur 30 Minuten ruhen lassen. Inzwischen die Tomaten blanchieren, häuten, vom Stielansatz befreien und fein würfeln. Die Frühlingszwiebeln putzen und samt dem saftigen Grün in dünne Ringe schneiden.

Öl in einer großen beschichteten Pfanne erhitzen. 1 Schöpfkelle Teig darin verteilen. Mit Tomaten und Frühlingszwiebeln belegen, mit Salz und Pfeffer würzen. Den Pfannkuchen zugedeckt bei mittlerer bis geringer Hitze auf jeder Seite etwa 3 Minuten backen. Mit Käse bestreuen und servieren.

Peruanische Maispfannkuchen mit Käse

2 mittelgroße frische Maiskolben, 4 EL Milch, 1 Zwiebel,
1 rote Paprikaschote, 2 Eier, 100 g Mehl, Salz, frisch gemahlener Pfeffer,
50 g geriebener Käse (z. B. Emmentaler oder mittelalter Gouda),
Öl zum Braten

Die Hüllblätter der Maiskolben abziehen. Die Körner mit einem Messer von den Kolben schneiden und im Mixer oder mit dem Mixstab pürieren, dabei die Milch zufügen. Die Zwiebel schälen, die Paprikaschote von Stielansatz, Samen sowie Scheidewänden befreien. Beide Zutaten sehr fein hacken. Die Eier trennen, die Eiweiße steif schlagen. Die Eigelbe unter den Eischnee rühren. Nacheinander Maispüree, mit Salz und Pfeffer gemischtes Mehl sowie Zwiebeln, Paprika und Käse unterrühren. In einer kleinen beschichteten Pfanne Öl erhitzen. Pro Pfannkuchen 3 Esslöffel Teig in die Pfanne geben, bei mittlerer Hitze auf jeder Seite in etwa 3 Minuten goldgelb backen und sofort servieren.

Reichen Sie dazu einen Tomatensalat oder einen grünen Salat.

Anstelle von frischem Mais können Sie 1 kleine Dose Zuckermais (etwa 240 Gramm) nehmen: Diesen lassen Sie dann abtropfen und pürieren ihn nur mit 2 Esslöffeln Milch.

Pfannkuchentorte mit Spinat-Käse-Füllung

Für den Teig:
200 g Mehl, Salz, frisch geriebene Muskatnuss, 4 Eier, 1/4 l Milch, 1/4 l Mineralwasser
Für die Füllung:
1 kleine Zwiebel, 50 g gekochter Schinken, 1 TL Olivenöl, 600 g TK-Rahmspinat, 1 EL Schmand, Salz, frisch gemahlener Pfeffer, gemahlener Koriander, 1 EL Zitronensaft, 2 EL Butter, 100 g geriebener Käse nach Belieben
Außerdem:
Öl zum Backen

Für den Teig in einer Schüssel das Mehl mit Salz, Muskat und Eiern verrühren. Milch und Mineralwasser untermischen und den Teig zugedeckt bei Zimmertemperatur 30 Minuten ruhen lassen. Danach in einer großen beschichteten Pfanne das Fett erhitzen, bei mittlerer Hitze dünne Pfannkuchen daraus backen und abkühlen lassen.

Für die Füllung die Zwiebel schälen und wie den Schinken fein würfeln. Das Öl in einer Pfanne erhitzen, Zwiebel und Schinken darin bei geringer Hitze anschwitzen. Den Spinat zugeben und auftauen lassen. Bei hoher Temperatur unter Rühren kochen, bis die Flüssigkeit verdampft ist. Mit dem Schmand mischen, mit Salz, Pfeffer, Koriander und Zitronensaft würzen.

Die Butter in eine runde ofenfeste Form geben und in den Backofen schieben. Den Ofen auf 220 °C (Umluft 200 °C, Gas Stufe 5) schalten und die Butter zerlassen. Die Form herausnehmen.

Pfannkuchen, Spinat und etwa zwei Drittel der Käsemenge lagenweise in die Form geben. Den restlichen Käse über die Torte streuen. Die Pfannkuchentorte in den vorgeheizten Backofen (mittlere Schiene) schieben und in etwa 30 Minuten goldbraun backen.

Vollwertpfannkuchen mit Gemüse und Käse

Für den Teig:
200 g Dinkelvollkornmehl, Salz, 3 Eier, 1/2 l Sojadrink
Für die Füllung:
4 Frühlingszwiebeln, 1 EL Olivenöl, 1/2 Paket TK-Erbsen und Möhren (150 g), 1/2 Päckchen TK-8-Kräuter, 100 ml Sahne, 4 TL Kapern, Salz, frisch gemahlener weißer Pfeffer, frisch geriebene Muskatnuss
Außerdem:
Öl zum Backen, 12 dünne Scheiben Bergkäse, 2 EL gehackte Petersilie (frisch oder TK)

Für den Teig in einer Schüssel das Mehl mit Salz und Eiern verrühren. Den Sojadrink untermischen und den Teig zugedeckt bei Zimmertemperatur 30 Minuten ruhen lassen. Inzwischen für die Füllung die Frühlingszwiebeln putzen, waschen und samt dem zarten Grün in feine Röllchen schneiden. Das Öl in einer großen Pfanne erhitzen. Frühlingszwiebeln, Erbsen und Möhren darin bei mittlerer Hitze unter Rühren etwa 2 Minuten anschwitzen. Bei mittlerer Hitze unter Rühren etwa 5 Minuten garen. Mit Kräutern, Sahne und Kapern mischen, mit Salz, Pfeffer und Muskat würzen und warm halten. In einer großen, beschichteten Pfanne Öl erhitzen. Pro Pfannkuchen knapp 1/2 Schöpfkelle Teig darin bei mittlerer Hitze auf jeder Seite etwa 2 Minuten backen. Übereinander geschichtet im Backofen bei 50 °C warm halten. Die Pfannkuchen jeweils mit 1 Scheibe Käse belegen, anteilig mit Gemüse bedecken und aufrollen oder zusammenklappen. Mit der Petersilie bestreut servieren.

Auberginenpfannkuchen

Zu diesem Pfannkuchen, der aus der iranischen Küche stammt, isst man Fladenbrot und mit frisch gehackten Kräutern vermischten Joghurt.

1 kleine Dose Tomaten (etwa 400 g),
2 mittelgroße Auberginen, 3 Knoblauchzehen,
3 Eier, 50 g Mehl, 50 ml Milch, Salz, frisch gemahlener Pfeffer,
2 EL Öl, 1 TL Butterschmalz

Die Tomaten in ein Sieb abgießen, den Saft dabei auffangen. Die Auberginen putzen, schälen und klein würfeln. Mit dem Tomatensaft in einer Kasserolle aufkochen und zugedeckt bei geringer Hitze in etwa 15 Minuten ganz weich kochen. Tomaten mit einer Gabel zerdrücken, zugeben und bei starker Hitze unter Rühren kochen, bis die Flüssigkeit verdampft und die Mischung fast trocken ist. In einer Schüssel mit dem Kartoffelstampfer zerdrücken. Den Knoblauch schälen und fein hacken. Die Eier mit Mehl und Milch zu einem glatten Teig verrühren.

Öl in einer großen beschichteten Pfanne erhitzen. Knoblauch darin glasig anschwitzen. Auberginenmischung in der Pfanne glatt streichen. Den Eierkuchenteig darüber gießen und bei mittlerer bis geringer Hitze backen, bis er am Rand leicht gebräunt ist. Mit Hilfe von 2 Tellern wenden, dabei das Butterschmalz in die Pfanne geben. Pfannkuchen bei geringer Hitze in etwa 5 Minuten fertig backen.

Spargelpfannkuchen aus dem Ofen

Pfannkuchen schmecken zu Spargel eigentlich viel besser als Kartoffeln, zumal die „Neuen“ zur Spargelzeit noch reichlich wässrig sind. Wer sich die Arbeit mit dem Gratinieren nicht machen mag, kann die Pfannkuchen einfach mit dem frisch gekochten Spargel und reichlich geriebenem Emmentaler oder Parmesan servieren.

Für den Teig:

100 g Mehl, Salz, 2 Eier, 1/4 l Mineralwasser

Für die Füllung:

600 g weißer Spargel, Salz, 1 Prise Zucker

Für die Sauce:

40 g Butter, 25 g Mehl, 3/8 l Spargelsud, 1 Ei, 1/8 l Sahne, frisch gemahlener Pfeffer, frisch geriebene Muskatnuss, 75 g geriebener Greyerzer

Außerdem:

Öl zum Backen

Für den Teig in einer Schüssel das Mehl mit Salz und Eiern verrühren. Das Mineralwasser untermischen und den Teig zugedeckt bei Zimmertemperatur 30 Minuten ruhen lassen. Inzwischen für die Füllung den Spargel von den holzigen Enden befreien, schälen und in reichlich mit etwas Zucker versetztem Salzwasser 10 Minuten garen. Herausnehmen und abtropfen lassen. Von dem Spargelsud 3/8 Liter für die Sauce abmessen und beiseite stellen.

Für die Sauce die Butter erhitzen. Mehl darin unter Rühren hellgelb anschwitzen. Sud langsam zugießen und rühren, bis die Sauce glatt ist. Einmal aufkochen und zugedeckt bei geringer Hitze 5 Minuten garen. Von der Kochstelle nehmen. Das Ei trennen. Das Eigelb mit der Sahne verquirlen und in die Sauce einrühren. Mit Pfeffer und Muskat würzen. Eiweiß steif schlagen und auf die Sauce geben. Mit der Hälfte des Käses bestreuen, unterziehen.

Den Backofen auf 220 °C (Umluft 200 °C, Gas Stufe 5) vorheizen. In einer mittelgroßen beschichteten Pfanne Öl erhitzen und darin bei mittlerer Hitze nacheinander 8 dünne Pfannkuchen backen. Mit den Spargelstangen belegen, aufrollen und nebeneinander in eine flache Gratinform legen. Die Sauce darüber verteilen und mit dem restlichen Käse bestreuen. Die Pfannkuchen im vorgeheizten Ofen etwa 15 Minuten überbacken.

Zucchinipfannkuchen

1/2 Bund Oregano, 2 kleine feste Zucchini,
1/4 l Milch, 50 g Butter, 2 Eier, 75 g Mehl, 1/4 TL Zucker, 1/2 TL Salz,
1 große Msp. Chiliflocken

Den Oregano abbrausen und trockentupfen, die Blätter abzupfen und fein hacken. Zucchini putzen, grob klein schneiden und mit der Milch im Mixer oder mit dem Mixstab pürieren. Butter zerlassen, dabei leicht bräunen und wieder lauwarm abkühlen lassen. Zucchinibrei, 2 Esslöffel flüssige Butter, Eier, Mehl, Zucker, Salz und Chiliflocken zu einem glatten Teig verrühren.

Eine kleine beschichtete Pfanne mit etwas flüssiger Butter ausstreichen. Pro Pfannkuchen 2 Esslöffel Teig darin bei mittlerer Hitze auf jeder Seite etwa 3 Minuten backen.

Kartoffelpfannkuchen

Ein echter Traditionspfannkuchen aus der Bauernküche, der auf die feine italienische Art serviert am besten schmeckt: mit geriebenem Parmesan bestreut und mit einem Salat aus vollreifen Fleischtomaten.

5 kalte Pellkartoffeln (etwa 300 g),
1 Zwiebel, 1 Knoblauchzehe, 2 gehäufte EL Mehl,
Salz, frisch geriebene Muskatnuss,
1/4 TL Paprikapulver, 4 Eier, 200 ml Milch,
Butterschmalz oder Olivenöl zum Backen

Die Kartoffeln schälen und auf der Rohkostreibe fein reiben. Zwiebel und Knoblauch schälen und fein hacken. Das Mehl mit Salz, Muskat, Paprika und Eiern verrühren. Nacheinander Milch, Kartoffeln, Zwiebel und Knoblauch untermischen.

In einer mittelgroßen Pfanne reichlich Schmalz oder Öl erhitzen, ein Viertel des Teigs darin verstreichen und zugedeckt bei mittlerer bis geringer Hitze 5 Minuten backen, danach sollte sich der Pfannkuchen leicht vom Pfannenboden lösen. Wenden und in der offenen Pfanne auf der anderen Seite weitere 5 Minuten backen. Herausnehmen und bei 50° C im Backofen warm halten. Aus dem restlichen Teig 3 weitere Kartoffelpfannkuchen backen.

Gratinierte Hirsepfannkuchen

Für den Teig:

50 g Hirseflocken, 50 g Weizenvollkornmehl, Salz, 2 Eier, 1/4 l Milch

Für die Sauce:

2 Fleischtomaten, 1 EL Olivenöl, Salz, frisch gemahlener Pfeffer, 2 EL Schnittlauchröllchen

Für die Füllung:

2 Zwiebeln, 1 Kohlrabi, 50 g Sonnenblumenkerne, 30 g Butter, 2 EL Crème fraîche, Salz, 1/2 TL Kreuzkümmel

Außerdem:

Öl zum Backen und für die Form, 50 g Edelpilzkäse (z. B. Sahne-Gorgonzola, Roquefort oder Bavaria blu), 50 g Gratinkäse

Für den Teig in einer Schüssel Hirse, Mehl, Salz und Eier verrühren. Milch untermischen und den Teig zugedeckt bei Zimmertemperatur 30 Minuten ruhen lassen. Inzwischen für die Sauce Tomaten waschen, vom Stielansatz befreien und pürieren. Mit Olivenöl, Salz, Pfeffer und Schnittlauch mischen. Für die Füllung Zwiebeln schälen und würfeln. Kohlrabi schälen und grob raspeln. Butter in einer Pfanne erhitzen und darin die Zwiebeln mit den Sonnenblumenkernen 5 Minuten anschwitzen. Kohlrabi zugeben, alles kräftig anbraten und bei geringer Hitze 5 Minuten dünsten. Crème fraîche unterrühren, mit Salz und Kreuzkümmel würzen.

Den Backofengrill oder den Backofen auf der höchsten Stufe vorheizen. In einer mittelgroßen beschichteten Pfanne Öl erhitzen und darin aus dem Hirseteig bei mittlerer Hitze nacheinander 4 Pfannkuchen backen, anteilig mit dem Gemüse belegen und aufrollen. In eine gefettete Gratinform legen, mit zerkrümeltem Edelpilzkäse und Gratinkäse bestreuen. Unter dem Grill oder im Backofen etwa 3 Minuten überbacken, danach sollte der Käse leicht gebräunt sein. Die kalte Tomatensauce separat dazu servieren.

Bärlauchpfannkuchen

300 g Bärlauch, 1/4 l Milch, 2 Eier, 75 g Mehl, Salz,
Butterschmalz oder Öl zum Backen

Den Bärlauch abbrausen und trockentupfen, die Stiele entfernen und die Blätter grob hacken. Im Mixer oder mit dem Mixstab erst den Bärlauch mit der Milch pürieren und dann mit den Eiern verquirlen. Mehl und Salz in einer Schüssel vermischen. Die Bärlauchmilch langsam zugeben und alles zu einem glatten Teig verrühren. Zugedeckt bei Zimmertemperatur 30 Minuten ruhen lassen.
In einer großen beschichteten Pfanne Schmalz oder Öl erhitzen. Pro Pfannkuchen 1 knappe Schöpfkelle Teig darin bei mittlerer Hitze auf jeder Seite etwa 2 Minuten backen.

Sie können diese Pfannkuchen außerhalb der Bärlauchzeit natürlich auch mit anderen Kräutern wie z. B. zarten Rucola- oder Sauerampferblättern zubereiten.

Kräuterpfannkuchen

200–300 g frische gemischte Kräuter nach Belieben,
200 g Mehl, Salz, 4 Eier, 1/2 l fettarme Milch (1,5 % Fett),
2 EL Olivenöl, Öl oder Butterschmalz zum Backen

Die Kräuter abbrausen und trockentupfen, die Blättchen abzupfen und fein hacken. In einer Schüssel Mehl, Salz und Eier verrühren. Milch, Olivenöl und Kräuter untermischen. Den Teig zugedeckt bei Zimmertemperatur 30 Minuten ruhen lassen. In einer großen beschichteten Pfanne Butterschmalz oder Öl erhitzen. Pro Pfannkuchen 1/2 Schöpfkelle Teig darin verteilen und bei mittlerer Hitze auf jeder Seite etwa 2 Minuten backen.

Sie können die Pfannkuchen auch mit TK-Kräutern (z. B. Salatkräuter oder italienische Mischung) zubereiten.

Buchweizen-Pfannkuchen im Speckfett

250 g feines Buchweizenmehl, 1 TL Trockenhefe, 1/2 TL Salz, 3 Eier, etwa 1/2 l Mineralwasser, 100 g fetter Speck, Heidehonig zum Bestreichen

In einer Schüssel das Buchweizenmehl mit Hefe, Salz und Eiern verrühren. Das Mineralwasser untermischen und den Teig zugedeckt bei Zimmertemperatur 30 Minuten ruhen lassen. Den Speck klein würfeln und ggf. portionsweise in einer kleinen Pfanne bei geringer Hitze auslassen und goldgelb braten. Pro Pfannkuchen 3 Esslöffel Teig auf den Speck geben und bei mittlerer Hitze auf jeder Seite etwa 2 Minuten backen. Die Pfannkuchen aufeinander gestapelt im Backofen bei 50 °C warm halten, bis Speck und Teig verbraucht sind. Vor dem Servieren mit Honig bestreichen.

Mischen Sie, wenn nötig, während des Backens noch etwas Mineralwasser unter den Teig, er sollte nämlich nicht zu dickflüssig sein.

Buchweizenoffelt

Die niederrheinische Spezialität isst man mit Rübenkraut oder schwarzer Johannisbeerkonfitüre. Wer eher Herzhaftes bevorzugt, lässt Zucker und Rosinen einfach weg und belegt den Pfannkuchen, sobald er an der Unterseite gebräunt ist, mit dünnen Scheiben von rheinischer Mettwurst.

1 EL Instant-Getreidekaffee-Extrakt, 250 g feines Buchweizenmehl,
1 Prise Salz, 1 gehäufter TL Backpulver, 3 Eier, 100 g Zucker, 50 g Rosinen,
Butterschmalz oder Öl zum Backen

Das Kaffeepulver mit 1/4 Liter kochendem Wasser übergießen und abkühlen lassen. In einer Schüssel das Buchweizenmehl mit Salz, Backpulver und Eiern verrühren. Kaffee, Zucker und Rosinen untermischen. Den Teig zugedeckt bei Zimmertemperatur 30 Minuten ruhen lassen.
In einer kleinen beschichteten Pfanne Butterschmalz oder Öl erhitzen. Pro Pfannkuchen 2 Esslöffel Teig darin bei mittlerer Hitze auf jeder Seite etwa 2 Minuten backen.

Einfache Galettes

Traditionell bäckt man Buchweizen-Galettes ebenso wie Crêpes auf einer heizbaren, runden Eisenplatte: Der Teig wird auf der heißen Platte mit einem Crêpesspatel hauchdünn verstrichen. Inzwischen sind aber auch spezielle beschichtete Backplatten im Handel, die man in den fertigen Teig taucht. Für die Gusseisenpfanne, die oft für die Zubereitung empfohlen wird, braucht man etwas Übung. Viel einfacher geht es in einer beschichteten Pfanne.

250 g feines Buchweizenmehl, 1 TL Meersalz, 2 Eier,
150 ml Mineralwasser, 1/4 l Milch, 1 Speckschwarte,
Butter zum Bestreichen

In einer Schüssel das Mehl mit Salz und Eiern verrühren. Das Mineralwasser und die Milch untermischen. Den Teig zugedeckt in einem kühlen Raum 2 Stunden ruhen lassen.
Eine kleine beschichtete Pfanne erhitzen, mit der Speckschwarte ausreiben und pro Galette 2 Esslöffel Teig darin ganz dünn verteilen. Bei mittlerer Hitze auf jeder Seite etwa 2 Minuten backen. Aufeinander gestapelt im Backofen bei 50 °C warm halten. Die Pfanne zwischendurch immer wieder mit etwas Butter auspinseln. Zum Servieren mit Butter bestreichen.

Galettes mit Frischkäse

Die bretonischen Buchweizenpfannkuchen isst man gewöhnlich herzhaft belegt oder gefüllt: mit geriebenem Käse und Schinkenscheiben, nur mit fein geschnittenen Zwiebeln, mit gebratenem Gemüse (Rezept S. 52) oder wie hier mit Frischkäse, Tomaten und Basilikum.

Für den Teig:
250 g feines Buchweizenmehl, 1 TL Meersalz, 2 Eier, 150 ml Mineralwasser, 1/4 l Milch
Für die Füllung:
1 große Tomate, 1 Bund Basilikum, 200 g Kräuterfrischkäse
Außerdem:
1 Speckschwarte, Butter zum Bestreichen

Für den Teig in einer Schüssel das Mehl mit Salz und Eiern verrühren. Mineralwasser und Milch untermischen. Den Teig zugedeckt in einem kühlen Raum 2 Stunden ruhen lassen. Inzwischen für die Füllung die Tomate sehr klein würfeln, dabei den Stielansatz entfernen. Basilikum abbrausen und trockentupfen, die Blättchen abzupfen und fein hacken.

Eine kleine beschichtete Pfanne erhitzen, mit der Speckschwarte ausreiben und pro Galette 2 Esslöffel Teig darin ganz dünn verteilen. Bei mittlerer Hitze auf jeder Seite 2 Minuten backen. Aufeinander gestapelt im Backofen bei 50 °C warm halten. Die Pfanne zwischendurch immer wieder mit etwas Butter auspinseln. Zum Servieren die Galettes mit Frischkäse bestreichen, mit Tomatenwürfeln und Basilikum belegen und zusammenklappen.

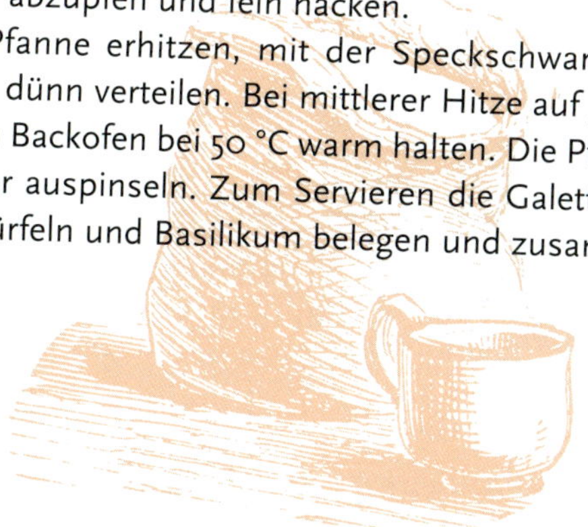

Galettes gratinées mit Champignonsauce

Für den Teig:

125 g feines Buchweizenmehl, 1 TL Meersalz, 1 Ei, 1/8 l Milch, 4–5 EL Mineralwasser

Für die Füllung:

3 Blätter Mangold, 4 EL Olivenöl, 1 EL Zitronensaft, Meersalz, frisch gemahlener weißer Pfeffer

Für die Sauce:

1 Zwiebel, 250 g Champignons, 2 EL Butter, 1 EL Mehl, 1/8 l Gemüsebrühe, 200 ml Sahne, 1 EL Zitronensaft, Salz, frisch gemahlener Pfeffer, 1 EL gehackte Petersilie

Außerdem:

Butterschmalz oder Öl zum Backen, 50 g geriebener Käse nach Belieben

Für den Teig in einer Schüssel das Buchweizenmehl mit Salz und dem Ei verrühren. Milch und Mineralwasser untermischen und den Teig zugedeckt bei Zimmertemperatur 30 Minuten ruhen lassen. Inzwischen für die Füllung den Mangold putzen und in schmale Streifen schneiden. 1 Esslöffel Öl erhitzen. Mangold mit dem Zitronensaft darin bei mittlerer bis geringer Hitze unter häufigem Wenden etwa 5 Minuten schmoren, mit Salz und Pfeffer würzen.

Für die Sauce die Zwiebel schälen und fein hacken. Die Champignons putzen und blättrig schneiden. Butter in einer Pfanne erhitzen und darin Zwiebel und Pilze goldgelb anbraten. Das Mehl darüberstäuben und unter Rühren hell anrösten. Brühe zugießen und die Sauce glatt rühren. Zugedeckt bei mittlerer Hitze 5 Minuten köcheln lassen, dabei die Sahne zugeben und unter Rühren dick einkochen. Mit Zitronensaft, Salz und Pfeffer würzen und die Petersilie unterrühren.

Den Backofen auf 220 °C (Umluft 200 °C, Gas Stufe 5) vorheizen. In einer großen Pfanne Öl erhitzen und darin dünne Pfannkuchen backen. Jeweils mit Mangold belegen, zu Vierteln zusammenklappen und dachziegelartig in eine Gratinform geben. Die Sauce darüber verteilen und mit dem geriebenen Käse bestreuen.

Die Galettes in den heißen Ofen (mittlere Schiene) schieben und etwa 20 Minuten backen, danach sollten sie schön gebräunt sein.

Galettes complètes

330 g Buchweizenmehl, 1/2–1 TL Meersalz, 5–6 Eier, 3/4 l kaltes Wasser, 1 Speckschwarte, Butter zum Bepinseln, 5 Scheiben Kochschinken, 150 g geraspelter Emmentaler

In einer Schüssel das Mehl mit Salz und 1 Ei verrühren. Das Wasser untermischen. Den Teig zugedeckt in einem kühlen Raum 1–2 Stunden ruhen lassen.

Eine große beschichtete Pfanne erhitzen, mit der Speckschwarte ausreiben und pro Galette 1 kleine Schöpfkelle Teig darin ganz dünn verteilen. Bei mittlerer Hitze 1–2 Minuten backen, danach sollte sie leicht Farbe genommen haben, wenden. Die Oberseite großzügig mit Butter bepinseln. Eine Scheibe Kochschinken in die Mitte legen und mit etwas Käse bestreuen. Ein Ei aufschlagen und vorsichtig darauf setzen. Sobald das Ei fest zu werden beginnt, die Ränder der Galette von 4 Seiten so nach innen klappen, dass das Eigelb in der Mitte sichtbar bleibt. Die Galette ist fertig, sobald das Ei gar ist. Sofort servieren. Mit dem restlichen Teig, Kochschinken, Käse und den übrigen Eiern ebenso verfahren.

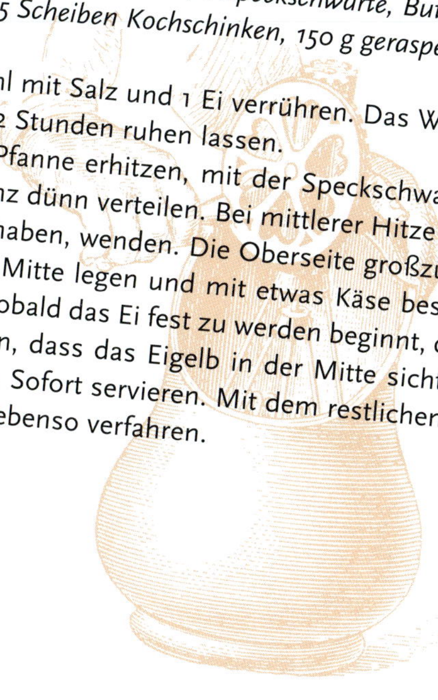

Crespelle mit Frühlingsfüllung

Für den Teig:
100 g Mehl, 1 Prise Salz, 2 große Eier, knapp 200 ml Milch, 1 EL gehackte Petersilie

Für die Füllung:
50 g Parmesan, 200 g Mascarpone, 1/2 Päckchen italienische TK-Kräuter, Salz, frisch gemahlener Pfeffer, 250 g Frühlingszwiebeln, 1 EL Olivenöl, 1 EL Zitronensaft, 2–3 EL Sahne

Außerdem:
Öl zum Braten, Butter für die Form, 1 EL Butter zum Belegen

Für den Teig in einer Schüssel Mehl, Salz und Eier verrühren. Milch und Petersilie untermischen und den Teig zugedeckt bei Zimmertemperatur 30 Minuten ruhen lassen. Danach in einer kleinen beschichteten Pfanne Öl erhitzen, aus dem Teig dünne Pfannkuchen backen und abkühlen lassen. Den Backofen auf 200 °C (Umluft 180 °C, Gas Stufe 4) vorheizen. Für die Füllung den Parmesan reiben. Mascarpone mit den Kräutern, Salz und Pfeffer verrühren. Frühlingszwiebeln putzen und samt dem saftigen Grün in dünne Ringe schneiden. In der Pfanne das Öl erhitzen und die Frühlingszwiebeln bei mittlerer Hitze in etwa 2 Minuten halb weich dünsten. Zitronensaft einrühren, mit Salz und Pfeffer würzen.

Eine Gratinform mit Butter ausstreichen. Die Pfannkuchen nacheinander auf die Arbeitsfläche legen. Jeweils dünn mit insgesamt etwa zwei Dritteln der Mascarponemischung bestreichen, mit Zwiebelröllchen belegen und aufrollen. Nebeneinander in die Form legen. Die verbliebene Mascarponecreme mit der Sahne zu einer dickflüssigen Sauce verrühren und über die Crespelle gießen. Mit dem Parmesan bestreuen und mit Butter in Flöckchen belegen. Crespelle im heißen Ofen (mittlere Schiene) in etwa 25 Minuten goldbraun backen.

Steinpilz-Crespelle

Für den Teig:

100 g Mehl, 1 Prise Salz, 2 große Eier, knapp 200 ml Milch

Für die Füllung:

300 g Steinpilze, 1 Zwiebel, 1/2 Bund Basilikum,
3 EL Öl, 75 ml Weißwein, 75 ml Sahne, Salz, frisch gemahlener Pfeffer,
80 g Crème fraîche, 100 ml Milch, 30 g geriebener Emmentaler

Außerdem:

Butter zum Backen, für das Pergamentpapier und die Form

Für den Teig in einer Schüssel Mehl, Salz und Eier verquirlen. Jeweils 1 Esslöffel Fett in einer Pfanne erhitzen, darin nacheinander 6 dünne Crespelle backen und zwischen gefettetes Pergamentpapier legen. Für die Füllung die Steinpilze putzen und in Scheiben schneiden. Die Zwiebel schälen und fein würfeln. Basilikum abbrausen und trockentupfen, die Blättchen abzupfen und in Streifen schneiden.

Das Öl in einer Pfanne erhitzen und die Pilze darin goldbraun braten. Zwiebeln zugeben, kurz mitdünsten und mit Wein und Sahne ablöschen. Offen bei mittlerer Hitze in 5–8 Minuten einkochen lassen. Kräftig mit Salz und Pfeffer würzen. Basilikum untermischen.

Den Backofen auf 180 °C (Umluft 160 °C, Gas Stufe 3) vorheizen. Crespelle anteilig mit der Pilzmasse belegen, aufrollen und in eine gefettete ofenfeste Form legen. Crème fraîche mit Milch und Käse verquirlen, salzen und pfeffern. Über die Crespelle gießen und im vorgeheizten Ofen auf der zweiten Schiene von unten in etwa 20 Minuten goldbraun überbacken.

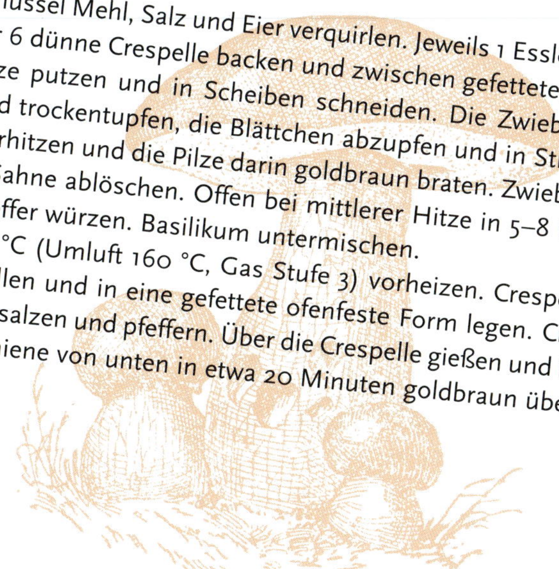

Chinesische Pfannkuchen

Zu den heißen Pfannkuchen isst man traditionell Gemüsesuppe oder im Wok gebratenes Gemüse. Aber ein „europäischer" gemischter Salat schmeckt selbstverständlich auch sehr gut dazu.

1 Frühlingszwiebel, 300 g Mehl,
250 g Roggenvollkornmehl, Mehl zum Ausrollen,
100 ml Öl, 1/2 TL Salz, frisch gemahlener Pfeffer

Die Frühlingszwiebel putzen und samt dem zarten Grün in feine Röllchen schneiden. Beide Mehlsorten in einer Schüssel mischen und mit 300 Millilitern Wasser zu einem glatten Teig verarbeiten. Zur Kugel formen und auf der bemehlten Arbeitsfläche zu einer etwa 5 Millimeter dicken Platte ausrollen. Mit 2 Esslöffel Öl bestreichen. Salz, Pfeffer und die Frühlingszwiebel gleichmäßig darauf verteilen. Den Teig aufrollen und von beiden Enden her wie eine Schnur gegeneinander verdrehen. In 4 gleich große Stücke teilen und etwa 30 Minuten ruhen lassen. Die Teigstücke auf der bemehlten Arbeitsfläche jeweils zu einer Platte von etwa 20 Zentimetern Durchmesser ausrollen. Öl in einer kleinen beschichteten Pfanne erhitzen und darin die Pfannkuchen bei mittlerer Hitze in etwa 3 Minuten pro Seite goldbraun backen.

Picknick-Pfannkuchen

125 g Mehl, Salz, 1/4 TL getrockneter Oregano,
2 Eier, 1/4 l Milch, 1 EL Öl,
Öl zum Backen, 100 g Pesto (Fertigprodukt),
70 g Salami in hauchdünnen Scheiben,
20 Holzspießchen oder Zahnstocher, 20 Cornichons

In einer Schüssel das Mehl mit Salz, Oregano und Eiern verrühren. Milch und Öl untermischen und den Teig zugedeckt bei Zimmertemperatur 30 Minuten ruhen lassen. In einer großen beschichteten Pfanne Öl erhitzen und darin bei mittlerer Hitze 5 dünne Pfannkuchen backen, herausnehmen und abkühlen lassen. Danach jeden Pfannkuchen anteilig mit Pesto bestreichen und mit Salamischeiben belegen. Einzeln aufrollen und mit einem scharfen Messer in 4 Stücke schneiden. Jedes Röllchen mit einem abgetropften Cornichon auf einen Zahnstocher stecken und als Fingerfood servieren.

Maismehlpfannkuchen

2 EL Butter, 250 g feines Maismehl,
1 TL Salz, 1 EL brauner Zucker, 1/4 l kochendes Wasser,
1 Ei, 1/8 l Milch, 125 g Mehl, 2 TL Backpulver

In einer Pfanne die Butter leicht bräunen und wieder lauwarm abkühlen lassen. Maismehl, Salz und Zucker in einer Schüssel mischen. Kochendes Wasser langsam einrühren und weiterrühren, bis die Mischung glatt ist. Zugedeckt 10 Minuten ruhen lassen. Ei, Milch und flüssige Butter verquirlen und unter den Maisbrei rühren. Mehl mit Backpulver mischen und rasch einarbeiten. Eine kleine beschichtete Pfanne mit etwas Öl auspinseln und heiß werden lassen. Pro Pfannkuchen 3 Esslöffel Teig darin versteichen. Bei mittlerer Hitze auf jeder Seite etwa 2 Minuten backen.

Diese Pfannkuchen können Sie als raffiniertes Fingerfood essen: Dazu werden sie halbiert und z. B. mit Cocktailtomaten, Mozzarellastückchen, scharf gewürzten Hackfleischbällchen, gebratenen Gemüsestückchen oder Scampi belegt. Dann klappt man sie zusammen und richtet sie auf einer Platte an.

Reispfannkuchen

125 g Rundkornreis, 75 g Mehl, 1 TL Salz,
1/2 TL Backpulver, 1 Ei, 500 g Buttermilch, 2 EL Öl,
Butterschmalz oder Öl zum Backen

Den Reis mit 1/4 Liter Wasser aufkochen und zugedeckt bei schwächster Hitze in 20 Minuten weich garen. In eine Schüssel geben und abkühlen lassen. Dabei immer wieder mit einer Gabel umrühren, damit die Körner nicht zusammenkleben. In einer zweiten Schüssel Mehl, Salz und Backpulver mischen. Den Reis unterrühren. Das Ei trennen, Eigelb, Buttermilch und Öl verquirlen und mit der Reismischung verrühren. Das Eiweiß steif schlagen und vorsichtig unterziehen. In einer großen beschichteten Pfanne Butterschmalz oder Öl erhitzen. Pro Pfannkuchen 1 Schöpfkelle Teig darin glatt streichen und bei mittlerer Hitze auf jeder Seite etwa 3 Minuten backen.

Dazu passt ein knackiger Salat ebenso gut wie Süßes: Pflaumenkompott, Ahorn- oder Apfelsirup (Rezept Seite 25).

Heinrichsbader Fleischpfannkuchen

Das Rezept stammt aus dem Heinrichsbader Kochbuch, das Anfang des 20. Jahrhunderts in Zürich erschienen ist. Am besten schmecken die Pfannkuchen, wenn Sie Fleisch und Zwiebel durch den Fleischwolf drehen und ordentlich Schmalz zum Backen nehmen.

200 g Mehl, Salz, frisch geriebene Muskatnuss,
4 große Eier, 300 ml Milch, 1 TL getrocknete Salatkräuter, 1 Zwiebel,
200 g vorgegartes Fleisch (Reste von Suppenfleisch, Schnitzel oder Braten),
Butterschmalz zum Backen

In einer Schüssel das Mehl mit Salz, Muskat und Eiern verrühren. Milch und Kräuter untermischen und den Teig zugedeckt bei Zimmertemperatur 30 Minuten ruhen lassen. Inzwischen Zwiebel und Fleisch möglichst fein zerkleinern und unterrühren. In einer großen beschichteten Pfanne reichlich Butterschmalz erhitzen. Pro Pfannkuchen knapp 1 Schöpfkelle Teig darin verteilen und bei mittlerer Hitze auf jeder Seite etwa 2 Minuten backen. Sofort mit einem frischen Salat servieren.

Überbackene Fleischpfannkuchen

Für den Teig:
250 g Mehl, Salz, frisch geriebene Muskatnuss, 4 große Eier,
1/2 l Mineralwasser
Für die Füllung:
1 kleine Möhre, 1 kleine grüne Paprikaschote, 1 Zwiebel, 1 Knoblauchzehe, 1 EL Öl,
300 g Hackfleisch vom Rind, 1 gehäufter TL getrockneter Thymian,
2–3 EL Tomatensaft, 1 EL Crème fraîche, Salz, frisch gemahlener Pfeffer
Außerdem:
100 ml Sahne, 50 g geriebener Gratinkäse,
Öl zum Backen und für die Form

Für den Teig in einer Schüssel Mehl, Salz, Muskat und Eier verrühren. Mineralwasser untermischen und den Teig zugedeckt bei Zimmertemperatur 30 Minuten ruhen lassen. Inzwischen für die Füllung die Möhre schälen und in dünne Stifte teilen. Paprikaschote halbieren, von Stielansatz, Samen sowie Scheidewänden befreien und in feine Streifen schneiden. Zwiebel und Knoblauch schälen und fein würfeln. Öl in einer Pfanne erhitzen und darin Zwiebel und Knoblauch glasig schwitzen. Gemüse, Fleisch und Thymian zugeben und bei hoher Temperatur unter Rühren etwa 3 Minuten braten. Tomatensaft und Crème fraîche zufügen und schmoren, bis die entstandene Flüssigkeit vollständig verdampft ist. Mit Salz und Pfeffer kräftig würzen und zugedeckt warm halten. Den Backofen auf 220 °C (Umluft 200 °C, Gas Stufe 5) vorheizen.

Öl in einer großen beschichteten Pfanne erhitzen und darin aus dem Teig dünne Pfannkuchen backen. Etwas abkühlen lassen, jeweils mit etwas Füllung belegen, aufrollen und nebeneinander in eine gefettete Gratinform legen. Sahne und Käse mischen und über den Pfannkuchen verteilen. In den heißen Ofen (mittlere Schiene) schieben und die Pfannkuchen in etwa 20 Minuten goldbraun überbacken.

Palatschinken mit Rinderfilet und Spargel

Für den Teig:
125 g Mehl, Salz, 3 Eier, 2 Eigelb, 1/4 l Milch
Für die Füllung:
200 g Rinderfilet, 500 g grüner Spargel, 4 EL Brühe, 100 g Crème double, frisch gemahlener weißer Pfeffer, 1 EL gehackte Petersilie
Außerdem:
Öl zum Backen und Braten

Für den Teig in einer Schüssel das Mehl mit Salz, Eiern und Eigelben verrühren. Milch untermischen und den Teig zugedeckt bei Zimmertemperatur 30 Minuten ruhen lassen. In einer großen beschichteten Pfanne Öl erhitzen und pro Palatschinken knapp 1/2 Schöpfkelle Teig darin auf jeder Seite etwa 2 Minuten backen. Übereinander geschichtet im Backofen bei 50 °C warm halten.
Für die Füllung den Spargel von den holzigen Enden befreien und in fingerbreite Stücke schneiden. Das Filet in Streifen schneiden. 1 Esslöffel Öl in einer Pfanne erhitzen und den Spargel darin bei mittlerer Hitze anbraten. Mit Brühe aufgießen und zugedeckt weitere 5 Minuten garen. Mit der Crème double mischen und zugedeckt warm stellen. Das Fleisch in 2 Esslöffeln Öl bei starker Hitze rundherum braun anbraten. Mit Salz und einer kräftigen Prise Pfeffer würzen. Palatschinken mit Fleisch und Spargel belegen, mit Petersilie bestreuen, zusammenklappen und sofort servieren.

Holsteiner Bücklings-Pfannkuchen

150 g Mehl, 1 TL Salz, 4 Eier,
1/4 l Milch, 4 Bücklinge, 1 Bund Schnittlauch,
Butterschmalz oder Öl zum Backen

In einer Schüssel das Mehl mit Salz und Eiern verrühren. Die Milch untermischen und dann den Teig zugedeckt bei Zimmertemperatur 30 Minuten ruhen lassen. Inzwischen die Bücklinge filetieren und sorgfältig von allen verbliebenen Gräten befreien. Schnittlauch abbrausen, trockentupfen und in feine Röllchen schneiden.

In einer großen beschichteten Pfanne etwas Butterschmalz oder Öl erhitzen. Ein Viertel des Teigs darin verteilen, mit 2 Bücklingsfilets belegen und bei geringer Hitze 4 Minuten backen. Mit Hilfe von 2 Tellern wenden und in weiteren 4 Minuten fertig backen. Mit dem Schnittlauch bestreuen und den Pfannkuchen sofort servieren. Aus dem restlichen Teig mit den Bücklingen 3 weitere Pfannkuchen backen.

Verzeichnis der Rezepte

Süße Pfannkuchen

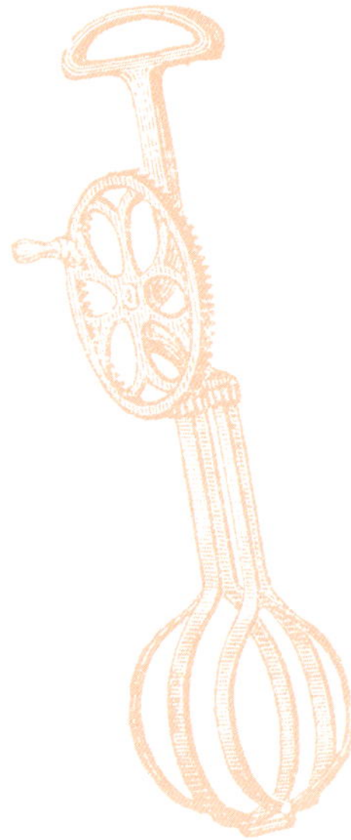

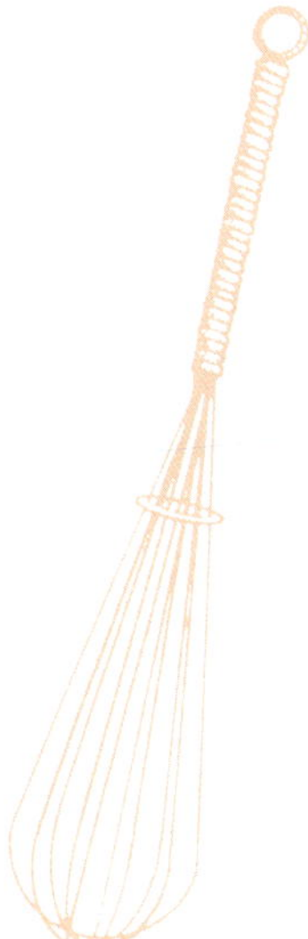

Verzeichnis der Rezepte

Herzhafte Pfannkuchen

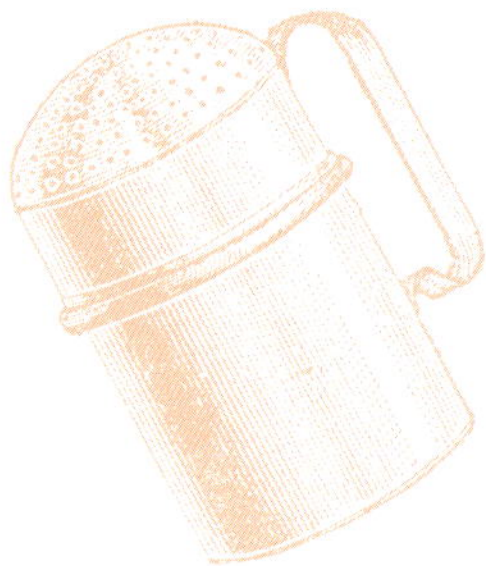

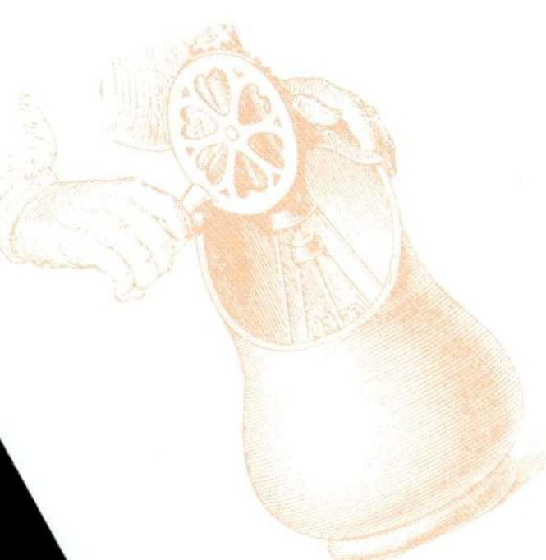

ARAC
MAICA
CHOCOLADE